ZAPATA REGRESA

ADAM
NEWMAN

ZAPATA REGRESA

EDITORIAL DIANA
MÉXICO

1a. Edición, Octubre de 2003
2a. Impresión, Marzo de 2004

ISBN 968-13-3772-7

Diseño de portada: Juan Becerril
Foto: © 63464 SINAFO-FOTOTECA NACIONAL.

Arenal No. 24, Edificio Norte,
Ex Hacienda Guadalupe Chimalistac,
01050, México, D.F.
www.diana.com.mx

IMPRESO EN MÉXICO – PRINTED IN MEXICO

"Lo que a nosotros nos interesa es que les sean devueltas las tierras a los pueblos y que se cumplan las promesas que hizo la revolución."

EMILIANO ZAPATA

CONTENIDO

CONTENIDO

PREÁMBULO

La historia de Emiliano Zapata y el zapatismo representa uno de los momentos más altos, luminosos y dramáticos de una lucha obstinada y secular: la de los campesinos por la posesión de las tierras que legítimamente les pertenecen y que a diario fecundan con su esfuerzo. "Tierra y libertad", este postulado agrarista de reivindicación sintetiza con notable eficacia las viejas demandas de las masas campesinas. Tierra para poseerla y libertad para hacerla producir. A este ideal y a esta aspiración justísima consagró Zapata su vida, su sangre, su incesante batallar.

En cuanto al movimiento zapatista, es por demás significativo el hecho de que haya sido realizado por el campesinado en armas, es decir, por hombres que después de los combates retomaban el arado, y luego de arar la tierra se convertían en guerrilleros.

No es casual que Pancho Villa y Emiliano Zapata sean las figuras más populares de la lucha armada mexicana del siglo XX, pues ambos fueron carne y alma del pueblo. Sin embargo, y sin restarle méritos ni simpatía a

Villa, debe reconocerse que la trayectoria de Zapata resulta más trascendente que la del Centauro del Norte. Su influencia en el curso ideológico y organizativo de la revolución fue decisiva, y permanece viva e insoslayable en todos los proyectos de una nación mexicana más justa, humana y verdadera.

Zapata y el zapatismo prevalecen: son una herida abierta en la historia del país y una brecha de libertad que no se cierra.

Muy posiblemente, la más alta lección de Emiliano Zapata es su grandiosa y heroica lección de resistencia. Una resistencia tenaz y portentosa contra los abusos combinados del poder público y el poder privado, y contra toda una maraña de trampas jurídicas. Fueron varios y sucesivos los presidentes de la República que combatieron al Caudillo del Sur e intentaron de mil maneras reducirlo. Pero hasta el último momento, cuando cayó alevosamente asesinado, supo mantenerse fiel a su derecho, a su verdad y a su invariable demanda campesina: "Devolver la tierra a los pueblos". Zapata luchaba —no sin cierto impulso utópico y maravilloso— por el retorno al *calpulli,* la ancestral propiedad comunal indígena, modelo de dignidad y convivencia democrática.

En las páginas que siguen se cuenta la historia de Emiliano Zapata, el héroe más puro que produjo la revolución mexicana, y la de su gran epopeya campesina.

LA CUNA DEL HÉROE

San Miguel Anenecuilco, el pequeño y hermoso pueblo campesino donde nació Emiliano Zapata, es al igual que las demás poblaciones de la región, un lugar de clima benigno y semicálido que favorece los cultivos agrícolas. Situado a pocos kilómetros al sur de Cuautla, su aire es tibio y limpio, las huertas y sementeras siempre pródigas son fertilizadas por las aguas del río Ayala, y los apacibles paisajes se ven dominados por el Tenayo, cerro que en remotas edades indígenas se consagró a funciones ceremoniales.

El actual estado de Morelos, en el que Anenecuilco se ubica, fue habitado en los tiempos prehispánicos por acolhuas, chalmecas, olmecas, xicalancas, tepanecas, xochimilcas y finalmente por los tlahuicas. Cuando el gran conquistador Xólotl se adueñó de casi todo el valle de México, concedió tierras a los tlahuicas al sur del Ajusco, y éstos atravesaron la sierra y para establecerse en diversos puntos del valle que con el correr de los años se conocería con el nombre de Cuauhnahuac. Los tlahuicas, poseedores de los títulos de propiedad que les fueron otorgados por Xólotl, fundaron numerosas poblaciones, entre ellas Yecapixtla, Yautecatl y el sonriente pueblecito de Anenecuilco. Hacia 1437 la región fue dominada por los aztecas y sus pobladores se convirtieron en obligados tributarios del poderoso imperio.

Lo cierto es que los campesinos de Anenecuilco preservaron por más de siete siglos sus seculares documentos de propiedad comunal, parte de ellos consignados en códices, y otros revalidados por las firmas de los virreyes; y con base en ellos lucharon a lo largo de las generaciones, primero contra los dominadores aztecas, después contra los encomenderos españoles, posteriormente contra el despojo de los terratenientes liberales, luego contra el poder arbitrario de los hacendados porfiristas, y más tarde contra el terror, la destrucción y la rapiña del carrancismo y las claudicaciones de los subsecuentes gobiernos revolucionarios.

Fue en 1523 cuando Hernán Cortés construyó la primera hacienda azucarera del continente en Tlaltenango, en tierras hoy en día morelenses. Hacia 1534 la Nueva España fue organizada en cuatro provincias: México, Michoacán, Coatzacoalcos y las Mixtecas. El actual territorio de Morelos quedó comprendido en la primera, que fue llamada Audiencia de México. En 1776 se dividió a la Nueva España en doce provincias o intendencias. Lo que ahora es Morelos correspondía a dos de ellas: México y Puebla. Anenecuilco dependió de la intendencia de Puebla.

Ya en el México independiente y conforme a la Constitución de 1824, las actuales tierras de Morelos formaban parte del Estado de México: de 1825 a 1827 con el nombre de Distrito de Cuernavaca, y a partir de ese último año con la denominación de Prefectura. El 17 de abril de 1869 se constituyó el Estado de Morelos, el cual fue segregado al Estado de México. Su primer gobernador fue el general Pedro Baranda.

Hacia 1880 se implantaron en las haciendas azucareras de Morelos nuevos sistemas para moler y refinar el azúcar, con los que se obtenía una mayor producción de las cañas utilizadas. Los viejos trapiches fueron convertidos en ingenios. El incremento en la producción logrado con los modernos métodos de elaboración coincidió con una gran demanda y altas cotizaciones del azúcar en los mercados nacionales y mundiales. Acuciados por la ambición, los hacendados de Morelos sintieron la necesidad de aprovechar al máximo dicha demanda, y resolvieron modernizar aun más y hacer crecer sus instalaciones. Importaron la más avanzada maquinaria, contrataron técnicos extranjeros, hicieron llegar nuevos administradores especializados y empezaron a invadir con todo descaro los fundos legales de las comunidades campesinas adyacentes.

A partir de diciembre de 1884 (mes en que se inició la segunda gestión presidencial de don Porfirio), el gobierno del general Díaz dio todo su apoyo a los hacendados de Morelos, vendiéndoles cuantas tierras públicas quedaban en la entidad y promulgando leyes agrarias que aumentaron las posesiones territoriales de los latifundistas. Y para mejor servir a los intereses de los grandes terratenientes introdujo el ferrocarril al estado, y suprimió numerosos títulos de tierras reconocidos con anterioridad a los pueblos colindantes con las haciendas.

Hasta entonces habían coexistido en Morelos diversos tipos de propiedades agrícolas: haciendas de diferentes tamaños, ranchos, pequeñas parcelas y tierras comunales. Pero las haciendas azucareras fueron creciendo más y más, acaparando tierras y recursos, contando para ello con el apoyo de los tribunales locales, estatales y federales.

Paulatinamente, los campesinos morelenses fueron perdiendo sus tierras. De esa manera, los habitantes de Anenecuilco sufrieron en 1887 el despojo de una antigua propiedad comunal, la huerta de Olaque, en beneficio de una gran hacienda contigua. No obstante, siguieron resistiendo y luchando contra viento y marea, aferrados a sus títulos milenarios, en continuo e infructuoso apelar ante las autoridades.

Pero la disputa por las tierras era notoriamente dispareja. Los pueblos decaían de modo ostensible y eran devorados por las haciendas azucareras que crecían y prosperaban, alcanzando merecida fama de ser las más modernas del país. En aquella época después de Hawai y Puerto Rico, Morelos era el principal productor de azúcar en el mundo.

A cambio de sumas irrisorias, los hacendados se apropiaban de las tierras de labor de las familias y de las tierras comunales que rodeaban a los poblados. Atentaban así contra el *calpulli,* la ancestral y armoniosa forma de propiedad indígena consistente en dividir los pueblos en varios barrios o calpullis, cada uno de ellos con una extensión determinada de tierras que no pertenecían en forma individual a ninguno de los habitantes, sino que eran otorgadas a la comunidad.

Despojados y reducidos a la miseria, los campesinos se vieron obligados a contratarse como asalariados en las haciendas, donde llevaban una vida de siervos no muy diferente a la de la etapa virreinal. Y si en un principio continuaron radicando en sus pueblos, las deudas contraídas a través de la tienda de raya acabaron por forzarlos a trasladarse con sus familiares al área de la hacienda, donde trabajaban como peones acasillados o como criados de los dueños.

Profundamente apegados a su tierra natal, los campesinos de los pueblos de Morelos, en vez de emigrar hacia la posibilidad de mejores oportunidades, resistieron valerosamente las rapiñas de tierras, las humillaciones y las permanentes agresiones de los acaudalados latifundistas.

Especialmente dramático fue el caso de Jovito Serrano, un campesino de Yautepec. En 1902, por orden de los propietarios de la hacienda de Atlihuayán, se levantó una cerca que abarcó arbitrariamente siete caballerías de los terrenos comunales del pueblo. El ganado de los pequeños propietarios de Yautepec brincaba la cerca, derribándola en algunos tramos y ocasionando que los animales fueran retenidos por la hacienda, la cual imponía fuertes multas para devolverlos. Los afectados nombraron a Serrano para que los representara en sus reclamaciones ante las autoridades. Al frente de setenta vecinos, éste se trasladó a la capital del país, donde el grupo se entrevistó con el presidente Díaz. El dictador los escuchó con calma y luego les dijo que no tenía inconveniente en ofrecerles su ayuda. Pero el anciano gobernante actuaba con doblez. A su regreso a Yautepec, Jovito fue arrestado y deportado con treinta y cinco campesinos más a Quintana Roo, donde el esforzado defensor de sus coterráneos murió poco después sin que se diera a conocer la causa de su muerte. Por supuesto, la cerca continuó allí y los pobladores de Yautepec siguieron sometidos a los abusos de los propietarios de la hacienda de Atlihuayán.

De manera igualmente empeñosa, los habitantes de otros pueblos de Morelos, entre ellos San Miguel Anenecuilco, Coatlán del Río, Jantetelco y Tepalcingo, intentaron defender sus derechos. Los calpuleques (jefes de calpulli) peregrinaban de tribunal en tribunal en sus litigios contra los hacendados, en los que siempre resultaban perdedores, ya que las autoridades judiciales, los jefes políticos y aun el mismo gobernador del estado, eran nombrados de acuerdo a los intereses de los latifundistas. Algunos campesinos demasiado molestos para los hacendados fueron criminalmente desaparecidos.

Algunas veces, los hacendados o sus administradores ordenaban dar una paliza al vocero de los inconformes. Pero si consideraban que el caso era grave, no vacilaban en disponer su asesinato. En otras ocasiones los calpuleques eran reducidos por medio de la leva, el inicuo procedimiento de incorporación militar forzosa.

Tras una fachada de progreso material e industrial, había una realidad oprobiosa y triste para la mayoría de los mexicanos y sin duda alguna para todos los campesinos. Una élite en extremo reducida gozaba de todas las ventajas de la riqueza. Es natural que una situación así de injusta fuera incubando el movimiento revolucionario que llegaría no mucho después. Resulta verdaderamente monstruoso que en el Morelos de aquellos tiempos los dueños de las treinta y siete haciendas azucareras y los veinticinco ingenios existentes fueran diecisiete latifundistas, cuya prosperidad extraordinaria se basaba en la miseria de muchos.

No pocos campesinos morelenses morían a causa de la mala alimentación y la falta de atención médica. Otros emigraban. Es significativo el hecho de que los índices demográficos hayan descendido en la entidad durante la etapa en que tuvo lugar el gran auge de los hacendados azucareros.

Gente de alma ruin, los dueños de las haciendas y sus administradores tenían la desvergüenza de arrendarles a sus legítimos propietarios las parcelas que les habían arrebatado. A veces, con el perverso propósito de enemistar a los habitantes de una comunidad agrícola con los de otra, rentaban a un pueblo las tierras en litigio de otro pueblo.

Arañando su miseria, privándose en ocasiones incluso de comer, los campesinos recurrían al poder judicial para entablar pleitos costosos que únicamente contribuían a empobrecerlos más, dado que los resultados eran nulos o insignificantes.

Las fincas de las haciendas, donde los propietarios residían o iban de vacaciones cuando no se encontraban en Europa, estaban espléndidamente amuebladas, algunas de ellas con muebles traídos de Francia y acondicionadas de la mejor manera posible para el disfrute y el ocio. Emmanuel Amor, dueño de las haciendas San Gabriel y Actopan, tenía en una de ellas una lujosa cuadra de caballos de polo y pura sangre de carrera. Por su parte, Luis García Pimentel amuebló con tal fastuosidad las fincas de sus haciendas Tenango, Santa Clara y San Ignacio, que alguno de sus invitados afirmó que le recordaban "los palacios que rodean las orillas del Támesis". Otro hacendado azucarero, Romualdo Pasquel, acostumbraba organizar en los salones de su hacienda de Miacatlán festines y conciertos que dejaban boquiabiertos a los personajes de alta sociedad que concurrían a ellos. Manuel Araoz, propietario de las haciendas de Cuahuixtla, Acamilpa y Terinta, disponía para su protección de una jauría de perros finísimos y feroces a los que puso como nombres los de los días de la semana y los de los meses. Francisco Vélez rodeó la finca de su hacienda de Oacalco con un jardín de cinco hectáreas de extensión, bellamente trazado, con delicadas especies florales, césped especial para el juego de bolos, un kiosko central, avenidas bordeadas por palmas y fuentes y hasta una hermosa y disparatada tumba donde enterró el cadáver de uno de sus perros favoritos. Evidentemente, el infame señor Vélez amaba tanto a sus perros como despreciaba y odiaba a los campesinos.

La situación se tornaba cada día más difícil y aflictiva para los habitantes de los pueblos. Los hacendados, engreídos con sus abusos y con la impunidad con que los cometían, multiplicaban y volvían más inhumanos sus atropellos. Baste señalar que en 1909 el pueblo de Tepelpa fue condenado a morir de sed, debido a que en un litigio sobre el río Apatlaco el tribunal falló en favor de la hacienda de San Nicolás, propiedad de Juan Pagaza, y el pueblo perdió la mayor parte del agua que necesitaba para irrigar sus huertas donde abundaba el mango, la naranja, la lima y el mamey. Ensoberbecido, el administrador de la hacienda de San Nicolás no tardó en castigar a la gente de Tepelpa por haberse atrevido a desafiar al señor Pagaza, y les cortó completamente el agua. Las huertas se arruinaron, se acabó la producción de frutas y legumbres y los atribulados tepelpenses, muertos de sed y necesidad, se vieron precisados a abandonar su amado pueblo natal.

También en ese año de 1909 la injusticia hizo su víctima a la ciudad de Jojutla al apropiarse la plantación de arroz de un hacendado del suministro de agua de la población. El ayuntamiento de Jojutla protestó, pero nada pudo hacerse contra el abuso de uno de los amigos favoritos del gobernador.

Fue también en 1909, en el mes de abril, cuando los campesinos de Anenecuilco recurrieron al gobierno del estado para suplicarle su apoyo, a fin de poder sembrar maíz en unos terrenos de su propiedad, sin temor a ser despojados de ellos por el dueño de la contigua hacienda del Hospital. El apoyo solicitado era urgente, pues estaba próxima la temporada de lluvias y era preciso sembrar las tierras antes de que cayeran las aguas. Después de una serie de evasivas, el gobierno estatal contestó en esta forma:

"Ya se da conocimiento al propietario de la hacienda del Hospital de los escritos de ustedes, a fin de que se sirva expresar lo que estime conveniente sobre dicha solicitud".

Es decir, la solución del problema se ponía en manos de quien una y otra vez había demostrado ser el enemigo y causante de los despojos a los campesinos de Anenecuilco.

Mucha falta hacía un caudillo decidido a defender los derechos de los campesinos, de ser preciso con las armas en la mano. Y ese caudillo no tardaría en surgir. Su nombre era Emiliano Zapata Salazar.

SURGE EL CAUDILLO

Los antepasados de Emiliano Zapata fueron gente muy conocida y admirada en Anenecuilco y en todo el estado de Morelos. Los Zapata y los Salazar tomaron parte de las gestas históricas del país. José Salazar, abuelo materno de Emiliano, combatió de manera descollante en las guerras de Independencia, dos de sus tíos paternos, José y Cristino, pelearon en la guerra de Reforma y contra la Intervención francesa y hubo un héroe más en la familia: José Zapata, tío abuelo de Emiliano, quien destacó en las luchas de Restauración de la República. Cuando esa guerra finalizó, don José Zapata bregó en favor de los campesinos de la región contra los abusos de los nuevos caciques del liberalismo. Venerado patriarca de Anenecuilco, este hombre murió en 1876. En el árbol genealógico de Emiliano figura también, en la rama materna, una joven llamada Justa Zapata, esposa del insurgente Francisco Ayala que fue asesinada en 1811 por los realistas. Y hay un tío llamado José Merino, calpuleque que se distinguió en sus litigios contra los hacendados, convirtiéndose en el principal dignatario del pueblo y desempeñando además varios cargos electivos en el gobierno municipal de Villa de Ayala. Así pues, Emiliano Zapata fue el continuador de una gran tradición de la lucha y de la organización campesina, a las que llevó a su máxima expresión.

Emiliano nació en Anenecuilco el 8 de agosto de 1879. Sus padres fueron Gabriel Zapata y Cleofas Salazar, pequeños propietarios agrícolas del lugar. Fue el noveno de diez hijos, de los cuales únicamente cuatro sobrevivieron hasta alcanzar la edad adulta: Eufemio, el propio Emiliano, María de Jesús y María de la Luz.

Uno de sus maestros de instrucción primaria (la única que cursó) fue Emilio Vera, veterano de la guerra contra la Intervención, quien acostumbraba leerles en clase a sus alumnos el libro de historia de México de Manuel Payno. También en su casa, el pequeño Emiliano oía con frecuencia los nombres de Hidalgo, Morelos y Juárez, y escuchaba con atención el relato de sus hazañas en labios de familiares y parientes. Sabía también de memoria la crónica de las perennes peleas del *calpulli* de Anenecuilco para defenderse de los atropellos de los ricos. Así, desde niño se fue formando en él una conciencia inquebrantable de libertad y rebeldía.

Tendría unos nueve años de edad cuando cierto día encontró llorando a su padre de impotencia y rabia. Sorprendido, le preguntó:

—Papá, ¿por qué llora?

—Porque nos están quitando las tierras.

—¿Quiénes, papá?

—Quiénes han de ser, los hacendados.

—¿Y por qué no pelean contra ellos?

—¡Ay, hijo, porque son muy poderosos!

Con un mohín de decisión en los tiernos labios infantiles, Emiliano replicó:

—Pues cuando yo sea grande haré que les devuelvan las tierras.

Creció Emiliano fuerte y saludable en la vida y los trabajos del campo. Lo mismo ayudaba a sus padres en el cultivo de las tierras, que cuidaba el escaso ganado de la familia en compañía de Eufemio, su hermano mayor. Aún era un adolescente cuando murieron sus padres, heredando a sus hijos algo de tierra y ganado, así como una casa de sólidos muros de adobe.

Ni él ni Eufemio se rebajaron jamás a trabajar como jornaleros en las haciendas. Sembraban sus tierras y algunas hectáreas de una hacienda local, en calidad de aparceros. Y en las temporadas en que no había siembras ni cosechas se dedicaban a la arriería a lo largo de las poblaciones situadas a orillas del río Cuautla.

Un año después de quedarse huérfano. Emiliano sostuvo una violenta discusión con unos hacendados que pretendían apoderarse de las tierras de su familia, y perseguido por las autoridades se vio precisado a abandonar el estado durante algunos meses. Tiempo después, cuando tenía dieciocho años de edad, tuvo un fuerte altercado con un funcionario del gobierno al que descubrió haciendo trampa en el juego. Acudió en ayuda del funcionario un grupo de rurales (aquellos temibles guardias campiranos creados por el presidente Díaz para mantener el orden en las zonas agrícolas del país), quienes maniataron a Emiliano. Ya lo conducían a la cárcel de Cuautla, cuando Eufemio y varios amigos atacaron a los captores y lo liberaron, huyendo con él a Puebla.

Allí permaneció por espacio de un año, dedicado a actividades de arriero y domador de potros brutos. Transcurrido ese tiempo pudo regresar a Anenecuilco gracias a las gestiones realizadas en su favor por su tío José Merino, presidente del consejo del pueblo.

Por ese entonces, Eufemio vendió el patrimonio que

le correspondía y con el pequeño capital obtenido se trasladó al estado de Veracruz, donde se dedicó exitosamente al comercio. Emiliano permaneció en su pueblo natal entregado a las faenas agrícolas y a la compraventa en pequeña escala de caballos. Era ya en esos años un jinete excelente, cuyo mayor orgullo consistía en montar un buen corcel equipado con una lujosa silla, llevando un severo traje de charro con botonadura de plata, unas botas de buena clase y unas finas espuelas.

Su fama de buen jinete y de experto domador de caballos se extendió por todo el estado de Morelos y parte del de Puebla, llegando incluso hasta la ciudad de México, donde sus servicios eran muy solicitados y bien pagados. Pero a él no le gustaba la capital del país, donde sentía que se "engentaba" y donde caminar por las banquetas lo mareaba.

En cambio era feliz en Anenecuilco, donde los niños lo seguían a respetuosa distancia y las muchachas lo veían con admiración y le sonreían cuando, enfundado en su traje de charro y tocado con su gran sombrero, cruzaba por las calles del pueblo con paso seguro y varonil, brillantes los ojos como brasas oscuras en el semblante grave.

El porte y el garbo natural de Emiliano atraían vivamente. Su tipo virilmente hermoso aún nos impresiona en las fotografías. Era un hombre de estatura mediana, cuerpo bien hecho, tez oscura que proclamaba el predominio indígena en su mestizaje y ojos negrísimos y profundos, cuya mirada penetrante y taciturna se hallaba enmarcada por bellas ojeras violáceas. El trazo de la boca se advertía firme y decidido bajo los enormes bigotes de un negro azuloso. Constituían sin duda un tipo de acabada masculinidad mexicana.

Poseedor de una fortaleza física considerable y de una gran destreza, era tan buen jinete como consumado tirador y experto en las suertes charras. Su mayor placer eran las peleas de gallos, las corridas de toros y los jaripeos. Fumaba y bebía aguardiente de caña al igual que los demás campesinos de la región y, según afirmó su hermana María de la Luz, "era grato a las mujeres".

Le gustaba la música ranchera y en ocasiones, cuando en alguna fiesta oía los acordes de La Cucaracha o de alguna otra melodía popular, bailaba con extraordinaria pericia un zapateado.

Persona de temperamento tranquilo y hombre de pocas palabras, de carácter introspectivo y enemigo de la adulación, jamás perdió su sencillez ni se apartó del trato deferente y afectuoso a los campesinos. Todos en Anenecuilco y en los pueblos aledaños lo llamaban simplemente Miliano, considerándolo en toda ocasión uno de los suyos.

Fue por ello que sus coterráneos lo eligieron presidente del consejo del pueblo. Ello ocurrió una tarde del domingo 12 de septiembre, cuando unos ochenta vecinos se congregaron en el corredor de los portales de la iglesia de Anenecuilco. José Merino, tío de Emiliano y hasta ese momento presidente del consejo, les explicó a los presentes las razones por las cuales él y los tres ancianos más que integraban la regencia del lugar, ya ni podían seguir encargándose de los asuntos de la comunidad. Los tiempos era muy difíciles y se requerían hombres más jóvenes y decididos para representar los intereses de la población. Y pidió que antes que nada se eligiera a quien debería sustituirlo a él.

Se propusieron varios nombres, entre ellos el de Emiliano Zapata, quien ganó por aplastante mayoría cuando la votación se efectuó. Todos lo consideraron el dirigente adecuado y el más apto para hacerse responsable de los destinos del pueblo. Alguno de los concurrentes gritó, siendo aplaudido por los demás:

—¡Todos te apoyamos, Miliano! ¡Necesitamos un hombre bragado para que nos defienda!

Zapata había cumplido treinta años el mes anterior. Se hallaba pues, lleno de energías y a todos en el pueblo les constaba su empeño para buscar la solución a los problemas de la comunidad. En los últimos trece años había participado activamente en la defensa de Anenecuilco, elaborando protestas y apelaciones, formando parte de las delegaciones enviadas ante las autoridades y contribuyendo a mantener el espíritu de lucha de los campesinos.

Su primer trabajo como nuevo regente de Anenecuilco fue solicitar los títulos de propiedad del pueblo, para guardarlos y protegerlos. Al recibirlos, mandó descifrar aquellos que se hallaban en forma de códices, con el fin de penetrar bien su sentido e incorporar su traducción en lengua castellana a los documentos, aunque cuidando de que los códices se anexaran a los títulos para certificar así la validez de éstos. En tales papeles estaban consignados los derechos que había que defender.

Al renunciar a la presidencia del consejo de regencia de Anenecuilco, José Merino adujo que los tiempos eran difíciles. En efecto lo eran, y mucho, para los campesinos de Morelos, debido a que Porfirio Díaz había impuesto en la gubernatura del estado a Pablo Escandón y Barrón, un hacendado azucarero propietario de las haciendas Atlihuayán y Xochimancas, y por lo mismo un individuo para quien los intereses y privilegios de los latifundistas de la entidad estaban por encima de cualquier otra consideración.

Desde el 15 de marzo de 1909, día en que Escandón asumió el cargo, los abusos de los hacendados en contra de los campesinos se multiplicaron con el apoyo decidido de las autoridades, agudizándose el odio de los pueblos agrícolas de la región hacia sus explotadores.

Molestos con la designación de Zapata como presidente del consejo de Anenecuilco, algunos hacendados movieron sus influencias para alejarlo de allí. El 11 de febrero de 1910, Emiliano fue enganchado por medio de la odiosa leva en el Noveno Regimiento de Caballería, con base en Cuernavaca. Por fortuna, duró poco en la milicia ya que fue licenciado el 29 de marzo de ese mismo año, en virtud de haberlo solicitado así el hacendado Ignacio de la Torre y Mier, quien conocedor de la fama de Emiliano como jinete y domador, quiso tenerlo como caballero en sus cuadras de la ciudad de México donde Zapata estuvo contra su voluntad por un corto tiempo.

Mientras él permanecía en la capital del país, los campesinos de Anenecuilco afrontaban graves dificultades, pues los propietarios de la vecina hacienda del Hospital buscaban la manera de despojarlos de sus tierras. En mayo de aquel año de 1910, cuando se hallaban preparando sus campos para la siembra, el administrador de la hacienda mencionada los sacó de allí por la fuerza alegando que eran tierras propiedad del Hospital. Los campesinos recurrieron al gobernador y Escandón, conforme a una práctica viciada, remitió el problema al dueño de la hacienda para que éste decidiera "lo que estimara conveniente". El hacendado dio esta respuesta abominable:

"Si los de Anenecuilco quieren sembrar, que siembren en maceta."

Sin desanimarse con las malignas y cáusticas palabras del propietario de la hacienda, los hombres de Anenecuilco continuaron la lucha por hacer valer sus derechos. El 24 de mayo lograron entrevistarse con el secretario de gobierno del estado, quien dejó pasar el tiempo sin dignarse a darles una resolución.

Anenecuilco se hallaba al borde de la ruina, ya que si

no sembraban sus tierras, los habitantes del lugar no podrían mantenerse y tendrían que abandonar el pueblo dando fin a un asentamiento con más de siete siglos de antigüedad.

Añadiendo arbitrariedad a la arbitrariedad, el administrador de la hacienda del Hospital determinó rentar las tierras en litigio a los campesinos de la vecina Villa de Ayala, quienes empezaron a sembrar en los surcos abiertos por los labriegos de Anenecuilco.

Avisado de lo que ocurría, Zapata regresó de inmediato a encabezar la defensa de su gente, dispuesto a recurrir a la acción directa. Sin perder tiempo, pidió a los hombres que se armaran con lo que tuvieran a la mano, y al frente de ochenta de ellos se dirigió a los campos donde sembraban los campesinos de Villa de Ayala, a los que les dijo:

—No quiero pelear con ustedes, pues mi pleito no es con Villa de Ayala. Tenemos familias y amigos en los dos pueblos. En los dos hay Plascencias, Merinos y Salazares. Así es que como amigo les pido que reconozcan lo que es nuestro.

Melquiades Pineda y Manuel Chávez, líderes de los campesinos de Villa de Ayala, respondieron:

—Nosotros aceptamos trabajar estos campos porque la hacienda nos los ofreció.

—Sí, pero ustedes saben que nosotros somos los dueños.

En eso estaban cuando llegó el guardia de la hacienda del Hospital y dijo que sólo la gente de Villa de Ayala podía sembrar allí.

Zapata le replicó:

—Pues sépase que los de Anenecuilco somos los que vamos a sembrar estas tierras.

—¿Con el permiso de quién?

—Con el permiso de nosotros, que somos los dueños

—dijo Zapata y levantó el brazo con la carabina que llevaba.

Ante la actitud decidida de Emiliano y sus hombres, los campesinos de Villa de Ayala optaron por retirarse, no sin antes reiterar su buena fe y su amistad con la gente de Anenecuilco. El guardia de la hacienda también se retiró, refunfuñando y profiriendo amenazas en voz baja.

Posesionado de las tierras que legítimamente pertenecían a Anenecuilco, Emiliano Zapata empezó a distribuir las parcelas. Algunos de sus hombres lo aclamaban. Los demás lloraban de emoción.

Nadie se atrevió a desalojar a la gente de Anenecuilco de sus tierras. Y Emiliano comprendió que había sido un triunfo de la razón, pero apoyado por la presencia armada de sus hombres.

El Caudillo del Sur iniciaba su epopeya.

CAMPESINOS EN ARMAS

Según se relató en el capítulo anterior, los propietarios de la hacienda del Hospital no se opusieron a que los campesinos de Anenecuilco, armados y encabezados por Emiliano Zapata, sembraran las tierras que de acuerdo a sus viejos títulos les pertenecían. Sin embargo, meses más tarde se atrevieron a exigirles el pago de los alquileres de esos campos, para lo cual recurrieron al prefecto del distrito, un tal Vivanco, y al presidente municipal de Villa de Ayala, Refugio Yáñez.

En una audiencia convocada por los dos funcionarios referidos, Zapata manifestó que la cosecha había sido mala y que no tenían ni granos ni dinero con qué pagar. Argumentó además que las tierras en las que las siembras se habían efectuado eran propiedad de los campesinos de Anenecuilco, como lo demostraban los títulos de propiedad que resguardaba.

Tercos en sus arbitrarias exigencias, los hacendados propusieron que la gente de Anenecuilco les pagara con la venta de sus animales o con jornadas de trabajo en los terrenos de la hacienda. Insólitamente, el prefecto y el presidente municipal dictaminaron en favor de los campesinos, decidiendo que no pagaran el alquiler de las tierras correspondiente a 1910, y que únicamente cubrieran lo que les fuera posible en 1911.

El dictamen emitido no dejaba aun de ser injusto, pues les señalaba a los campesinos la obligación de pagar algo de renta, conforme a sus posibilidades, a los hacendados, sobre tierras que en realidad pertenecían a Anenecuilco. Pero de todas maneras resultaba una decisión inaudita, si se tomaban en cuenta los antecedentes de abusos usuales en la región. La razón de este proceder inusitado obedeció al hecho de que la popularidad de Emiliano era cada vez más grande entre el campesinado, y las autoridades temieron un levantamiento promovido por él en caso de dar un fallo contrario a Anenecuilco.

Infatigable, Zapata nombró entonces una comisión para que fuera a entrevistarse con el presidente Díaz, con el fin de solicitarle que las tierras en litigio fueran devueltas en forma definitiva a su pueblo. También de modo inaudito, la resolución de Díaz —generoso con motivo de las festividades del Centenario— fue favorable a Anenecuilco. El prefecto del distrito comunicó la decisión presidencial al administrador de la hacienda del Hospital y éste no tuvo más remedio que aceptarla.

Vivanco, quien no ocultaba su simpatía por Zapata y los demás habitantes de Anenecuilco, fue removido a mediados de noviembre, seguramente por maquinaciones de los hacendados, y tuvo que marcharse del estado. Agradecido, Emiliano le dio una fiesta de despedida. Pero, para desesperación de los dueños de la hacienda, el nuevo prefecto, Eduardo Flores, se inclinó también abiertamente hacia los intereses del campesinado. Ello no fue una casualidad. Las autoridades del país se hallaban alarmadas a causa del movimiento revolucionario iniciado en Chihuahua y no querían dar motivo a la gente del campo para levantarse en armas.

Zapata no desaprovechó las circunstancias y extendió su actividad encargándose de la defensa de otros pueblos campesinos, víctimas también de la voracidad de los hacendados azucareros. Sus hombres armados derribaron las cercas arbitrariamente levantadas por las haciendas, y se asignaron lotes a los auténticos dueños de las tierras.

Escandalizados y enfurecidos ante el curso que tomaban los acontecimientos, los hacendados presionaron al gobernador Escandón, quien finalmente ordenó al prefecto del distrito que pusiera un alto a la acción de los campesinos. Flores, escoltado por los diez hombres de que disponía, fue en busca de Zapata, al que encontró restituyendo tierras. Angustiado, el prefecto se dio cuenta de inmediato de que llevaba las de perder, pues Emiliano respaldaba sus actos reivindicadores con la presencia de unos cien campesinos armados. Farfullando disculpas, Flores se retiró sin más.

Al iniciarse 1911, la palabra de Emiliano Zapata era ley en toda la región de Ayala, si bien su posición era bastante precaria. Los hacendados movían sus influencias para que el gobierno de Díaz enviara a Morelos tropas suficientes para aplastar la insubordinación, y hacían planes para sobornar o asesinar a Emiliano, que éste no tardó en saber. No se imaginaban los latifundistas que muy pronto el movimiento zapatista alcanzaría una significación nacional.

Lo cierto es que Emiliano retrasó su determinación de sumarse al maderismo, ya que consideraba que no era conveniente precipitarse a la lucha armada sin antes saber con exactitud por qué y para qué iba a pelearse. Fiel a las tradiciones de su pueblo, le interesaba la devolución de las tierras a los campesinos de Morelos. Además, las noticias sobre la revolución en el norte del país no llegaban frecuentemente al estado, y cuando llegaban eran confusas y contradictorias.

No obstante, desde finales de noviembre de 1910, un grupo de campesinos empezó a celebrar reuniones en la casa de Pablo Torres Burgos, un comerciante de Villa de Ayala, con el objeto de discutir acerca de la conveniencia o inconveniencia de adherirse al incipiente movimiento revolucionario. Asistentes asiduos a ellas fueron el propio Torres Burgos, Emiliano Zapata, Rafael Merino, Gabriel Tepepa y Margarito Martínez.

Luego de varias juntas, los implicados resolvieron que era conveniente establecer contacto con el cuartel general maderista en San Antonio Texas. Una copia del Plan de San Luis Potosí había llegado a mano de los conspiradores y Zapata la estudió detenidamente experimentando la necesidad de comprobar y precisar los ofrecimientos que Madero hacía a los pequeños propietarios despojados de sus tierras.

Los conjurados querían saber también quién iba a encabezar las operaciones en Morelos en caso de decidir su incorporación a la subversión maderista. Así pues, Torres Burgos fue comisionado para ir a entrevistarse con Francisco I. Madero, y partió rumbo a San Antonio a mediados de diciembre.

Parece ser que Torres Burgos habló con Madero en San Antonio a principios de enero de 1911. El hecho es que regresó a Morelos a mediados de febrero, confirmándole a Emiliano la buena fe de Madero y su decisión de resolver los problemas agrarios. Asimismo le mostró documentos por medio de los cuales se encomendaba la jefatura de la insurrección en el estado a Patricio Leyva, un político y agrónomo.

Pero antes de que Torres Burgos regresara a Morelos, el antiguo tablajero Gabriel Tepepa se rebeló el 7 de febrero en Tlaquiltenango, apoderándose por unos días de Tepoztlán, donde saqueó con sus hombres las casas de las autoridades locales, remontándose después a las montañas.

Mientras tanto los hacendados, quienes temiendo por sus vidas se habían refugiado en la ciudad de México, compraron armas que enviaron a los encargados de sus propiedades, y remitieron fuertes cantidades de dinero al gobernador para que reforzara los cuerpos de rurales. El 8 de marzo, Escandón ordenó el aumento y la reorganización de los efectivos policiacos en Morelos.

Debido a que Patricio Leyva rehusó encabezar el movimiento revolucionario en el estado, con el pretexto de encontrarse enfermo, Pablo Torres burgos asumió su jefatura. Y tanto él, como Zapata y Rafael Merino se dedicaron a reclutar gente con el propósito de entrar en acción cuanto antes.

El día 10 de marzo se reunieron los tres en Cuautla, donde se celebraba la feria cuaresmal, para ultimar los detalles del alzamiento. A día siguiente marcharon a Villa de Ayala donde al anochecer desarmaron y dominaron a la policía y convocaron a una asamblea popular en la plaza. Una vez que los habitantes del lugar se congregaron, Torres Burgos subió al kiosko y leyó en voz alta el Plan de San Luis Potosí, exhortando después al pueblo a levantarse en armas. Entusiasmada, la gente prorrumpió en vivas a la revolución y mueras al gobierno. Otilio Montaño, un campesino llegado de Yautepec, gritó:

—¡Abajo haciendas y viva pueblos!

Todos corearon sus palabras, las cuales se convirtieron en el lema de aquella campaña.

Al término de la asamblea, unos sesenta hombres salieron a caballo de Villa de Ayala hacia el sur del estado. En el rancho de San Rafael se les unió Catarino Perdomo con un grupo de hombres armados. Algo semejante ocurrió en todos los pueblos y rancherías por donde pasaban. Tiempo después, cruzaron la línea divisoria con Puebla para extender el movimiento revolucionario a ese estado vecino.

Emiliano Zapata era disciplinado y prestó obediencia a Pablo Torres Burgos. Sin embargo, éste reconocía la capacidad táctica del hombre de Anenecuilco y dejó en sus manos la estrategia guerrillera a seguir. Su objetivo era Cuautla, población importante por su cercanía a Cuernavaca, su acceso independiente a la capital del país y su buena comunicación a las montañas del sur. Sin embargo, Emiliano comprendía que no disponía aún de los hombres y las armas suficientes para adueñarse de esa plaza.

Torres Burgos era un hombre bien intencionado, pero dado a fatales indecisiones. Durante más de una semana las fuerzas a su mando permanecieron inactivas en las montañas de Puebla. Por suerte, allí se les incorporó el contingente de Gabriel Tepepa, guerrero de valor y astucia probados.

Torres Burgos se decidió al fin a entrar en acción y atacar a la ciudad de Jojutla. Dicha población se ubicaba en la zona donde Gabriel Tepepa contaba con numerosos partidarios y amigos, por lo que se suscitaron conflictos de mando entre él y Torres Burgos, puesto que los hombres de Tepepa, también muy conocedores de aquellos lugares, sólo reconocían como jefe a éste.

Una columna de caballería de la guarnición de Cuernavaca y un puñado de rurales, todos ellos a las órdenes directas del gobernador Escandón, habían llegado a Jojutla para defender la plaza. Sin embargo, Pablo Escandón era un hombre tan fatuo como cobarde y cuando escuchó el rumor de que los rebeldes se acercaban y tenían el propósito de secuestrarlo, se llenó de pavor y salió huyendo hacia la capital del estado en compañía de los soldados, los rurales y los funcionarios locales de Jojutla.

Cuando los revolucionarios entraron en la población, se produjeron nuevos problemas entre Torres Burgos y Tepepa, ya que los hombres de este último saquearon e incendiaron las tiendas de unos comerciantes españoles muy conocidos en el lugar por sus abusos. Honesto a carta cabal y enemigo de la violencia, Torres Burgos se indignó mucho con lo ocurrido y convocó a una junta con Tepepa, Zapata, Juan Sánchez y algunos jefes de menor importancia. Al no lograr imponerse a Tepepa, renunció al mando del grupo y se marchó con sus dos hijos por el camino que conduce a Moyotepec. Se detuvo en la barranca de Rancho Viejo, desde donde envió a su hijo Alfonso, de doce años, a su casa de Villa de Ayala en busca de alimentos. El niño fue sorprendido por una patrulla al mando de un capitán apellidado Gálvez, quien primero con amenazas y después con promesas de que ningún daño le harían a su padre, obligó al muchacho a que los llevara al lugar donde aguardaban ocultos su progenitor y David, su hermano mayor. Tan pronto los tuvieron a la vista los soldados segaron sus vidas con dos descargas de fusilería.

Los cadáveres del infortunado Torres Burgos y de su hijo fueron exhibidos en el portal del palacio municipal de Cuautla y los periódicos publicaron sus fotos y la del capitán Gálvez, elogiándolo como "el victorioso jefe" que había acabado con el movimiento rebelde de Morelos al ocasionar la muerte a su jefe y a su hijo en "reñido combate".

Y realmente el grupo revolucionario morelense se hallaba en peligro de desintegrarse por hallarse acéfalo, ya que Torres Burgos se retiró sin nombrar sucesor. Aunque unos quince jefes tenían nombramiento de coroneles, entre ellos Emiliano Zapata, ninguno de ellos se consideraba autorizado para dar órdenes a los demás.

Preocupados, varios de los principales jefes insurrectos de Morelos se reunieron en San Miguel Ixtlilco con la idea de elegir un nuevo guía. Entre ellos figuraban Emiliano Zapata, Margarito Martínez, Amador Acevedo y Gabriel Tepepa.

Primero fue propuesto Amador Acevedo, pero éste objetó:

—Yo no puedo, porque estoy muy muchacho y además no soy de Morelos sino de Puebla.

Luego se propuso a Gabriel Tepepa, pero quienes escucharon el nombre permanecieron callados. Alguien sugirió entonces:

—¿Y qué tal Emiliano?

—¡Sí, Emiliano, Emiliano! —exclamaron al unísono los jefes allí congregados y los soldados que los acompañaban.

Zapata, quien había permanecido taciturno en un rincón, levantó la cabeza y dijo:

—Si todos me quieren como jefe, acepto; pero han de ser todos los que decidan, sin que falte uno solo, así no habrá después discusiones ni inconformidades.

Cuando los demás jefes fueron llegando a San Miguel Ixtlilco, cada uno de ellos dio su aprobación sin objeciones al nombramiento de Emiliano como cabeza del grupo rebelde, siéndole otorgado de común acuerdo la designación de "Jefe Supremo del Movimiento Revolucionario del Sur".

El tiempo demostraría que la elección de Emiliano Zapata fue la correcta. Los campesinos en armas confiaban en él y lo querían y supo ser un amigo verdadero de los jefes a sus órdenes, a los que jamás trató con altanería y de los cuales supo hacerse estimar y obedecer a la vez.

Es importante señalar que cuando Emiliano tomó el camino de la rebelión, ocultó en sitio seguro los preciados títulos de propiedad de Anenecuilco. En su libro *Raíz y razón de Zapata*, Jesús Sotelo Inclán refiere:

"Antes de salir Zapata de Anenecuilco, ya dispuesto para lanzarse a la Revolución a jugarse el todo por el todo en una carta arriesgada, escondió los documentos del pueblo, enterrándolos con su caja de hoja de lata, al pie de la escalera que lleva al coro y a las alturas de la iglesia. Allí quedaban enterradas la raíz y la razón que lo impulsaban, su infinita verdad, la historia de su pueblo y la prehistoria de su vida."

PUGNA CON LOS REVOLUCIONARIOS DE GUERRERO

A finales de marzo de 1911, en las afueras de Tepoztlán, Emiliano Zapata se encontró de modo casual con Octavio Magaña, uno de los conjurados del fallido Complot de Tacubaya, quien con cerca de cuarenta hombres armados deambulaba desorientado por la región.

Dicho complot había sido tramado por los hermanos Gildardo, Melchor, Rodolfo y Octavio Magaña, Camilo Arriaga y otros. Cuando la conspiración fue descubierta, Octavio huyó hacia el estado de Morelos con ciento cuarenta efectivos, de los cuales desertó la mayoría, hasta verse reducido el grupo a los aproximadamente cuarenta hombres con los que Emiliano hizo contacto.

Zapata aceptó gustosamente la incorporación a sus fuerzas de aquel contingente, concediéndole a Octavio Magaña, quien apenas tenía dieciséis años de edad, el grado de capitán y pidiéndole al muchacho que intentara regresar a la ciudad de México con el fin de informar a los maderistas de la capital del país que Torres Burgos había sido asesinado y que él, por decisión de los demás jefes, se había encargado del mando de la región en espera de que Madero nombrara a un nuevo comandante en Morelos.

La respuesta de los maderistas jamás llegó y poco después Octavio Magaña regresó a tierras morelenses en compañía de su hermano Rodolfo, quien quiso hacerle entrega a Zapata de diez mil pesos como contribución a la lucha. Emiliano se negó a aceptar ese dinero y le dijo a Rodolfo que lo empleara a su criterio para "socorrer a los muchachos", nombrándolo pagador de las tropas zapatistas.

Rodolfo Magaña le proporcionó a Zapata una copia del Plan Político y Social proclamado el 18 de marzo de 1911 por los estados de Guerrero, Michoacán, Tlaxcala, Campeche, Puebla y el Distrito Federal, conocido como Complot de Tacubaya. Dicho plan se hallaba consignado en una hoja pobremente impresa y constaba de los siguientes quince puntos:

1. Se desconoce al Presidente y al Vicepresidente de la República, a los senadores y diputados, así como a todos los demás empleados electos por el voto popular, en virtud de las omisiones, fraudes y presiones que tuvieron lugar en las elecciones pasadas.

2. El general Díaz con sus ministros; Miguel Macedo, Subsecretario de Gobernación; los miembros de las comisiones unidas que votaron por la suspensión de garantías; los jueces que, teniendo a su cargo los procesos de los llamados reos políticos han violado la Ley por obedecer a una consigna o han retardado una sentencia justa; los traidores a la causa y todos los jefes del ejército, quedan fuera de la Ley y se les juzgará según las disposiciones que ellos han tomado respecto a los insurrectos.

3. Se reconoce como Presidente provisional y jefe supremo de la Revolución al señor Francisco I. Madero.

4. Se proclaman como Ley Suprema la Constitución de 1857, el Voto Libre y la No Reelección.

5. Se reformará la Ley de Imprenta de un modo claro y preciso, determinando los casos en que una persona puede quejarse justamente de difamación, así como también los casos en que es un delito trastornar el orden público, atendiendo a las causas y fines del hecho para castigar debidamente al culpable si el trastorno mencionado constituye efectivamente un delito.

6. Se reorganizarán las municipalidades suprimidas.

7. Queda abolida la centralización de la enseñanza estableciéndose en su lugar la federalización de la misma.

8. Se protegerá por todos los medios a la raza indígena, procurándose por todos los medios su dignificación y su prosperidad.

9. Todas las propiedades que han sido usurpadas para darles a los favorecidos de la actual administración, serán devueltas a sus antiguos dueños.

10. Se aumentarán los jornales a los trabajadores de ambos sexos, tanto del campo como de la ciudad, en relación con los rendimientos del capital, para cuyo fin se nombrarán comisiones de personas competentes en el caso las cuales dictaminarán conforme a los datos requeridos para ello.

11. Las horas de trabajo no serán menos de ocho ni pasarán de nueve.

12. Las empresas extranjeras establecidas en la República emplearán en sus trabajos a cuando menos la mitad de nacionales mexicanos, tanto en los puestos subalternos como en los superiores, con los mismos sueldos, consideraciones y prerrogativas que concedan a sus compatriotas.

13. En cuanto las circunstancias lo permitan, se revisarán el valor de las fincas urbanas con el fin de establecer la equidad en los alquileres y evitando así que los

pobres paguen una renta más crecida en relación al capital que esas fincas representan, a reserva de realizar trabajos posteriores para la construcción de casas higiénicas y cómodas, pagaderas en largos plazos, para las clases obreras.

14. Todos los propietarios que tengan más terreno que los que puedan o quieran cultivar, están obligados a dar los terrenos incultos a quienes los soliciten, teniendo por su parte derecho a un rédito de un seis por ciento anual correspondiente al valor fiscal del terreno.

15. Quedan abolidos los monopolios de cualquier clase que sean.

El original fue firmado, en representación del estado de Guerrero, por Joaquín Miranda padre y Joaquín Miranda hijo; de Michoacán, por Carlos Múgica, Antonio Navarrete y Rodolfo y Gildardo Magaña; de Tlaxcala, por Gabriel Hernández; de Campeche, por José Pinelo; de Puebla, por Francisco y Felipe Fierro; y del Distrito Federal, por Francisco Maya, Miguel Frías y Felipe Sánchez.

Aquel documento redactado por una mujer, Dolores Jiménez y Muro, fue impreso de modo clandestino en el pequeño taller de Antonio Navarrete en la ciudad de México. De un tiraje de cinco mil ejemplares, tres mil se enviaron a provincia y los restantes se repartieron en el Distrito Federal.

La revuelta debía estallar el 27 de marzo pero los complotistas fueron traicionados. Varios de ellos cayeron prisioneros y los demás lograron escapar. Gildardo Magaña y algunos de sus compañeros marcharon a San Antonio Texas donde se unieron a Madero. Octavio y Rodolfo Magaña se incorporaron en Morelos a las fuerzas zapatistas. A la Penitenciaría del Distrito Federal fueron a dar Dolores Jiménez y Muro, Carlos Múgica, Antonio Navarrete y otros. Cuando tiempo después salió de la prisión, la señorita Jiménez y Muro se dirigió a Morelos a sumarse a la causa de Zapata, quien supo apreciar el valor de aquella mujer excepcional.

Al revisar algunos puntos del plan transcrito, se da uno cuenta de que se trataba de un programa mucho más avanzado y radical que el plan maderista de San Luis. Emiliano lo leyó con interés evidente, atraído sobre todo por la cláusula novena, y cuando terminó su lectura le dijo a Magaña con los ojos relampagueantes de alegría:

—¡Esto es precisamente por lo que nosotros peleamos, gordito, porque nos devuelvan las tierras que nos han robado!

Ya para entonces los zapatistas habían retomado la acción sembrando el pánico entre los dueños y los administradores de las haciendas y los ingenios azucareros. El 29 de marzo, a las siete de la mañana, valiéndose de los rieles del ferrocarril que servía para transportar las cargas de caña de azúcar, una locomotora loca fue lanzada por los rebeldes contra las puertas de la hacienda de Chinameca, que permanecían clausuradas por temor a un ataque sorpresivo. Las puertas saltaron hechas pedazos y los guerrilleros se precipitaron al interior de la hacienda donde los asustados vigilantes opusieron muy escasa resistencia. Los zapatistas se apoderaron de todos los caballos, armas y municiones que encontraron. Así se hicieron de cuarenta rifles flamantes enviados desde la ciudad de México por los dueños de la hacienda para su defensa.

El día 4 de abril, Juan Andrew Almazán, joven exestudiante de medicina en Puebla y revolucionario, se autonombró enviado plenipotenciario de Madero en la región y tuvo en Tepexco una entrevista con Emiliano, al que acordó designar jefe del movimiento maderista en Morelos. Lo cierto es que a fin de cuentas Madero reconoció a Almazán como su representante en dicho estado, respetando el acuerdo que tuvo con Zapata.

Mientras tanto, los encuentros de los zapatistas con los federales se sucedían. En Jonatepec los gobiernistas se fortificaron, provistos de armas y parque en abundancia, en espera de la acometida rebelde. Pero los guerrilleros zapatistas dejaron en Paz a Jonatepec y optaron por atacar Chiutla, en el estado de Puebla, donde resultaron victoriosos y se apoderaron de ochenta rifles y municiones. En ese lugar permanecieron tres días con el propósito de restaurar las energías.

Un grupo de vecinos del cercano pueblo de Huehuetlán se presentó en Chiutla para quejarse con Emiliano de los abusos y sufrimientos que padecían bajo la férula del jefe político de su lugar. Zapata escuchó con gesto adusto hasta que la gente de Huehuetlán desahogó toda la carga de sus penalidades. Y luego preguntó:

—¿Y cómo se llama el individuo ése?

Los vecinos de Huehuetlán le respondieron:

—Se llama Andonegui, y nomás por una simple sospecha mató a mucha gente después de quemarles sus casas...

Zapata no esperó más y se puso al frente de un grupo de hombres a caballo y fue a Huehuetlán a tomar prisionero a Andonegui, al que fusiló contra los muros de su casa antes de regresar a Chiutla.

El 17 de abril los zapatistas se situaron frente a Izúcar de Matamoros, en el estado de Puebla, dispuestos a combatir a las tropas federales que sabían se atrincheraban allí. No tuvieron que disparar un solo tiro, pues los gobiernistas huyeron poco antes de su llegada. En Izúcar, Emiliano hizo el recuento de sus efectivos; eran exactamente mil hombres comandados por Amador Acevedo, Jesús Morales, Pablo Brito, Pioquinto Galis, Emigdio Marmolejo, Ignacio Mata, Francisco Mendoza y Vicente Cadena. Todos ellos serían con el tiempo generales.

Los hombres que se incorporaban a Emiliano Zapata eran de la más diversa extracción. Fortino Ayala había sido obrero de la industria textil; Felipe Neri, fogonero en la hacienda de Chinameca; Jesús Morales, cantinero en Ayutla; Trinidad Ruiz, predicador protestante en Tlaltizapán y Francisco Mendoza fue abigeo antes de unirse al zapatismo.

El 18 de abril, las tropas de Zapata sufrieron su primera derrota a mando de fuerzas federales al mando del siniestro general Aureliano Blanquet, quien reconquistó Izúcar de Matamoros.

Cuatro días después, a instancias del agente maderista Guillermo García Aragón, Emiliano se reunió en el pueblo de Jolalpan con el revolucionario guerrerense Ambrosio Figueroa. Los dos jefes se abrazaron mientras sus fuerzas lanzaban vivas y disparaban sus armas al aire.

Al mismo tiempo que el zapatismo cundía por Morelos y Puebla en el estado de Guerrero tenía lugar una importante acción revolucionaria dirigida por los hermanos Figueroa, de los cuales el más destacado era Ambrosio, quien el 17 de abril anterior en Chaucingo, constituyó la Columna Morelos, en la que agrupó a sus hombres declarándose general en jefe del Ejército Libertador del Sur. En seguida envió un emisario a Zapata, Federico Morales, con la propuesta de una entrevista que, avalada por el representante de Madero, serviría para coordinar sus operaciones militares.

Emiliano Zapata y Ambrosio Figueroa conferenciaron. Pero desde el principio fue manifiesto que sus ideas eran diferentes. Emiliano luchaba por devolver las tierras a los pueblos, afirmando: "Antes de pensar en la política hay que pensar en la tortilla". Figueroa, por el contrario, opinaba que lo que el país necesitaba no era un cambio social sino político. En realidad ambos tenían razón, pues México requería a la vez de un cambio político y de un cambio social, complementarios entre sí.

Figueroa no estaba muy de acuerdo con el reparto de tierras, actitud que hizo que los zapatistas lo acusaran de proteger los intereses de los hacendados. Los figueroístas por su parte, les aplicaban a los hombres de Zapata los calificativos de "salteadores de caminos" y "bandoleros". No tardaría en producirse la división entre los caudillos.

Pese a sus recelos, Emiliano se manejó con gran tacto político en la conferencia de Jolalpan y con la aprobación del agente maderista García Aragón, presente en las conversaciones, fue nombrado general revolucionario con igual mando que Figueroa. Se determinó asimismo que las tropas operaran por separado encabezadas por sus respectivos jefes y se llegó a un acuerdo específico mediante el cual, cuando hubiera acciones conjuntas en el estado de Morelos, el jefe supremo de las fuerzas aliadas sería Zapata y cuando se operase en Guerrero sería Figueroa.

En la reunión de Jolalpan se convino también en realizar una maniobra conjunta de las fuerzas de Morelos y Guerrero para lanzarse el día 28 de abril sobre la ciudad Jojutla, de nueva cuenta en poder de los federales.

Mientras se preparaba el ataque a Jojutla le llegaron a Zapata informes alarmantes de que Figueroa se había entrevistado con los hacendados de Jojutla y con el comandante militar de esa plaza, teniente coronel Fausto Beltrán, y había recibido dinero a cambio de respetar las propiedades de los latifundistas y de traicionar a los zapatistas dejándolos solos para que los hiciera pedazos la fuerte guarnición federal. Por si fuera poco, Gabriel Tepepa acudió a su lado para decirle:

—Lo sé de cierto, Miliano, si vas a Jojutla te escabechan. Entre la gente de Figueroa anda mezclado un asesino al que le han ofrecido tres mil pesos por quebrarte. ¿Y sabes quién es ese desgraciado? Rodrigo Cabezón, uno de los cabrones que le dieron muerte a Pablo Torres Burgos y a su hijo David.

La desconfianza de Emiliano subió de punto cuando momentos después se enteró de que los federales y las tropas guerrerenses se habían encontrado sin atacar. Ya no le cabía duda de la traición de Ambrosio Figueroa así que decidió no presentarse a atacar Jojutla.

Unos días después recibió una carta del teniente coronel Beltrán, en la que éste le decía que en el norte de la República había tenido lugar un armisticio entre los revolucionarios y el gobierno de Porfirio Díaz y que por ello lo invitaba a ponerse de acuerdo con él para deponer las armas, como ya estaba dispuesto a hacerlo Ambrosio Figueroa.

Zapata llamó a su secretario y le dictó esta carta que al día siguiente se publicó en el diario *El País:*

"Obra en mi poder la carta en la que me dice exhortarme para conferenciar acerca del armisticio en los estados de Morelos y Guerrero, poniéndome como muestra al señor Figueroa.

"Debo manifestar a usted que es necesario que desechen esa farsa ridícula que los hace tan indignos y tan despreciables y que tengan más tacto para tratar con la gente honrada, pues deben ustedes saber que las negociaciones de paz se arreglan entre los ciudadanos Presidente y Vicepresidente de la República, señores Francisco I. Madero y doctor Francisco Vázquez Gómez, que son la cabeza y los únicos autorizados para arreglar la paz, y no conmigo que soy un simple elemento en mi categoría de general.

"Ruego a usted y a todos sus secuaces se dirijan a la cabeza y no a los pies, para los arreglos de paz, y no me confundan con Figueroa, que no es más que un pobre miserable, al que sólo impulsa el interés del dinero.

"Por último, diré a usted que yo no me he levantado para enriquecerme, sino para defender y cumplir con el sacrosanto deber que tiene contraído el pueblo mexicano honrado; y que estoy dispuesto a morir a la hora que sea, porque llevo la pureza del sentimiento en mi corazón y la tranquilidad en mi conciencia.

"P.D. Aprovecho la oportunidad para decirle que, ya que usted se apura tanto por la paz, me entregue de una manera pacífica la plaza de Cuautla, Morelos, en bien de los vecinos de esa ciudad que serán las víctimas que sufran las consecuencias de un ataque militar; y que yo no necesito que me hagan favores pues nunca he pedido clemencia más que a Dios, ni la necesito de nadie más que de él."

LOS VERDADEROS ENEMIGOS DE ZAPATA

El 29 de abril de 1911 las fuerzas zapatistas atacaron Jonatepec, población que tomaron luego de varios días de lucha encarnizada. Tras de nombrar allí autoridades civiles, Emiliano recorrió con sus hombres la zona del Popocatépetl, en cuyos pueblos y rancherías no sólo se incorporaron nuevos elementos a sus tropas y se aprovisionó de una buena cantidad de armas, ropas y artículos de primera necesidad sino que repartió tierras a los campesinos.

En el pueblecito de Temoc, el Caudillo del Sur tuvo la agradable sorpresa de recibir a su hermano Eufemio, quien regresaba a Morelos para unirse a la lucha reivindicadora encabezada por Emiliano. De allí en adelante sería su inseparable compañero de armas y lides políticas.

Sintiéndose ya suficientemente fuertes para avanzar sobre Cuautla, los zapatistas (mil ochocientos elementos de infantería y caballería) se dirigieron a la importante ciudad contra la que abrieron fuego el día 13 de mayo. La plaza se hallaba defendida por el Quinto Regimiento, llamado el "Regimiento de Oro", bajo el mando del ameritado teniente coronel Eutiquio Munguía, un cuerpo de rurales y los efectivos policiacos de la localidad.

La primavera de 1911 fue particularmente tórrida en el estado de Morelos. Bajo el calor sofocante de las horas diurnas y bajo los aguaceros nocturnos provocados por el tiempo ardoroso, los zapatistas asediaron Cuautla en constantes y enconados combates que duraron seis días, y en los cuales perdieron cuatrocientos hombres. Al tercer día se encontraban ya dentro de la población, pero los gobiernistas mantenían en su poder los edificios más importantes y altos de la ciudad. Por fin, Cuautla se rindió el viernes 19 de mayo después de una sangrienta lucha en la que las mayores bajas fueron sufridas por los federales, cuyos diezmados efectivos lograron escapar hacia Cuernavaca.

La toma de Cuautla por Emiliano Zapata significó el comienzo del fin del porfiriato. Más que los triunfos maderistas en la lejana Chihuahua, el gobierno de Díaz temía a las victoriosas tropas surianas de Emiliano, situadas a unos cuantos kilómetros de la capital del país.

Dos días después, el domingo 21, en Ciudad Juárez, población tomada por las fuerzas de Pancho Villa y Pascual Orozco, se firmaron los convenios que daban fin a la guerra civil. Porfirio Díaz se comprometía a renunciar a la presidencia de la República para que Francisco León de la Barra se hiciera cargo en forma interina del Poder Ejecutivo.

Tan pronto como Emiliano Zapata se apoderó de Cuautla, empezaron a buscarlo "delegaciones de paz" formadas por personas apegadas a los intereses de los hacendados, sus verdaderos enemigos, pero éste se negó a parlamentar con ellos y siguió dedicado a reivindicar los derechos de los campesinos a las tierras. Ante las negativas del Caudillo del Sur, una comisión integrada por Manuel Dávila, Germán Cañas y Donaciano López salió de Xochitepec para entablar pláticas con el general Manuel Asúnsolo, militar de las fuerzas de Ambrosio Figueroa. De acuerdo con los comisionados, Asúnsolo al mando de sus tropas ocupó pacíficamente Cuernavaca, "para defenderla de los excesos zapatistas".

Además, los propietarios de las haciendas azucareras de Morelos refugiados en la ciudad de México, empezaron a patrocinar una ruin campaña periodística contra las "chusmas zapatistas", y diarios tan venales y leídos como *El Imparcial* hicieron todo lo posible por alarmar a los habitantes de la metrópoli, al propalar con insistencia que la capital del país, separada de Morelos solamente por el Ajusco, se hallaba amenazada por los "vándalos".

El temor y la mala conciencia de las clases pudientes de la ciudad de México les quitaron el sueño, cuando los adinerados socios del Jockey Club, instalado en la Casa de los Azulejos, escucharon decir a los meseros del establecimiento que desde las azoteas del edificio se veían por las noches las fogatas de los campamentos zapatistas situados en el Ajusco.

Firme en sus convicciones, Emiliano Zapata imprimió a su movimiento una organización prácticamente independiente del mando maderista, en la que la restitución agraria era el aspecto fundamental, y continuó distribuyendo tierras a los campesinos y exigiendo préstamos a las ricas haciendas de la región.

El jueves 25 de mayo de 1911 Porfirio Díaz renunció a la presidencia de la República. La renuncia fue aceptada por ciento sesenta y cinco diputados y solamente dos votos en contra. El vicepresidente Ramón Corral, quien se encontraba en París, había enviado ya su dimisión el 4 de mayo.

Al día siguiente de la renuncia del dictador, el mediocre señor Francisco de la Barra se presentó en el recinto de la Cámara de Diputados a rendir su protesta de ley como presidente interino de México.

En apariencia, la revolución había alcanzado sus objetivos. Pero bajo la precaria paz obtenida los augurios eran ominosos y se incubaba el huracán. Las clases poderosas no estaban dispuestas a renunciar sus privilegios y para defenderlos buscaron alianzas con los maderistas. Para empeorar la situación, el presidente De la Barra era un individuo de formación marcadamente porfirista, al igual que varios ministros de su gabinete y, lo más grave, el cuerpo del ejército.

Pero por otra parte había motivos para mantener el optimismo de los auténticos revolucionarios. En vísperas de abordar el tren que habría de conducirlo a la capital de la República, Francisco I. Madero, el caudillo victorioso de la revolución declaró:

"El triunfo ha sido completo y en lo sucesivo la justicia será igual para el rico y el pobre, para el poderoso y para el humilde. La libertad cobijará con sus amplios pliegues a todos los mexicanos y todos, unidos fraternalmente, trabajaremos por el engrandecimiento de nuestra patria."

Emiliano Zapata fue uno de los mexicanos que confiaron en las promesas de justicia de Madero. Al hacerlo, discurría con lógica. Era natural que la sangre derramada fuera el precio de la anhelada justicia para los desheredados. Entrevistado en Cuautla por un periodista estadounidense, Zapata afirmó:

—Ya se fue Porfirio Díaz. Ahora es necesario repartir las tierras.

El periodista dijo:

—Eso es lo que prometió Madero.

Zapata añadió:

—Y tendrá que cumplirlo.

—¿Y usted cree que lo hará?

—Tendrá que hacerlo.

Insistió el periodista:

—¿Y si no lo hiciera?

Emiliano repuso con firmeza:

—En ese caso, los campesinos lo harán por su propios medios.

—¿Quiere usted decir que por la fuerza?

—Como sea necesario.

—Y si Madero se opusiera.

—Seguiremos la lucha que iniciamos por las tierras.

—¿Quiere decir que están dispuestos a luchar contra Madero?

—No señor, no queremos luchar contra Madero pues él es el jefe de la revolución. Lo que digo es que no entregaremos las armas hasta que las tierras estén en manos de los campesinos.

—¿Todos su jefes están de acuerdo con eso?

—Todos.

—¿Y qué es lo que harán ustedes ahora que ya se ganó la revolución?

—Esperar.

—¿Esperar, general Zapata?

—Sí, hasta que sea necesario.

—¿Y después?

—Hacer lo que sea necesario —dijo Emiliano— y dio por terminada la entrevista.

Mientras Zapata y los campesinos esperaban, los hacendados permanecían muy activos. Acostumbrados a hacer su voluntad en el estado de Morelos, estaban frenéticos contra Zapata, escandalizados con sus devoluciones de tierras a los pueblos. Ya habían recurrido al viejo general Francisco Leyva quien se las arregló para obtener del secretario de Guerra la autorización para concertar armisticios en Morelos y se dirigió a Zapata con el intento de hacerlo deponer las armas. El Caudillo del Sur le mandó decir:

"No es usted conducto para mí pues sólo recibo órdenes del señor Francisco I. Madero, y le manifiesto que si logro hacerlo mi prisionero lo pasaré por las armas enseguida."

Poseído por el pánico, Leyva renunció a su oficioso papel de mediador.

Igualmente Zapata se negó a tratar con los ediles de Cuernavaca, quienes fueron a verlo con una oferta de paz.

Sin embargo, debe dejarse establecido que Emiliano Zapata no se proponía expropiar las haciendas, a las que inclusive otorgó garantías para que concluyeran la zafra. Su propósito se concretaba en restituir a la gente de los pueblos las tierras que las haciendas les habían arrebatado arbitrariamente. Cierto que los zapatistas se posesionaban de las armas, las municiones y los caballos guardados en ellas, cierto también que incendiaron un cañaveral y que saquearon la mansión de la hacienda de Tenango. Mas esto último fue en represalia por los crímenes cometidos por el administrador de esa propiedad. Pero los zapatistas no atentaron contra las instalaciones de los ingenios, ni se adueñaron de los campos que pertenecían legítimamente a los hacendados, ni incitaron a los peones a apoderarse de las haciendas en las que trabajaban. Buscaban pues, preservar las estructuras de vida tradicionales en Morelos, pero eso sí, reclamando su antiguo derecho a poseer algo de tierra.

Triunfante la revolución, lo único que hacía Emiliano Zapata era cumplir con el compromiso de reintegrar tierras a sus auténticos dueños, los campesinos. Empero, de manera que no dejó de desconcertarlo, sus superiores revolucionarios empezaron a darle extrañas indicaciones presionados a no dudar por los acaudalados terratenientes de Morelos. Alfredo Robles Domínguez, quien había sido libertado de la cárcel y de nueva cuenta era el agente de Madero en la capital del país, le pidió que suspendiese "cualquier ataque contra las haciendas de Calderón, Chinameca y Hospital", petición del todo innecesaria ya que Emiliano no proyectaba ni remotamente atacarlas. La solicitud indicaba a las claras hacia donde se inclinaba ya la balanza de la dirigencia maderista. El propio Madero declaró:

"No se pueden satisfacer en toda su amplitud las aspiraciones contenidas en la cláusula tercera del Plan de San Luis".

La mencionada cláusula se refería precisamente a la necesidad de restituir a su primitivos propietarios las tierras que inmoralmente les habían sido quitadas. Así pues, los campesinos deberían conformarse y esperar una mejor ocasión. Zapata no lo entendió así y determinó no desarmar a su gente en tanto no fueran cumplidas las promesas revolucionarias de devolver las tierras a los pueblos.

Mientras tanto, los hacendados, continuaron intrigando y atreviéndose cada día a más. Gabriel Tepepa, el viejo y valeroso zapatista, impuso un préstamo forzoso a algunos de los comerciantes más ricos y ladrones del municipio de Jojutla. Los comerciantes le dijeron que pasara a recoger el préstamo a la cabecera distrital cuando el 25 de mayo de 1911 el jefe zapatista se presentó a la ciudad de Jojutla a recibir lo convenido, Federico Morales, militar de las fuerzas de Ambrosio Figueroa y hombre sobornado por los latifundistas, lo capturó y lo fusiló en el acto.

Otra de las maniobras de los hacendados consistió en imponer como gobernador de Morelos a Juan Carreón, un banquero de toda su confianza, dado que Pablo Escandón se había marchado a su adorada Europa. No sólo quedó Carreón al frente de la gubernatura, sino que además el general Asúnsolo, individuo declaradamente antizapatista, quedó como su colaborador. Inútilmente, Zapata había intentado que se eligiera como gobernador a su secretario Abraham Martínez. Tres veces seguidas le telegrafió a Robles Domínguez preguntándole si podía proceder a nombrar gobernador. Jamás recibió contestación.

El 26 de mayo Zapata entró a Cuernavaca sin acudir al sitio donde el general Asúnsolo lo esperaba para recibirlo oficialmente. Prefirió ir en busca de Genovevo de la O, su lugarteniente y hombre encargado de operar las fuerzas zapatistas al oeste y al sur de Cuernavaca. El fiel Genovevo, vestido como siempre de calzón blanco, lo recibió sin ocultarle su disgusto por la imposición de Carreón en el gobierno del estado.

Zapata tenía fuerza y prestigio suficiente para haberse opuesto de ser necesario por medio de las armas, al nombramiento del gobernador amigo de los hacendados. Pero aún confiaba en Madero y estaba seguro de que en cuanto hablara con él todo se arreglaría de la mejor manera y se respetarían los principios y promesas de la revolución. No quiso por lo tanto indisciplinarse y se limitó a esperar a don Francisco, quien a no dudar pondría remedio a la situación.

No se avino sin embargo a que fueran desarmados los campesinos bajo su mando, pues comprendía bien que la fuerza de la razón tenía que apoyarse en la fuerza de los fusiles, y que si sus hombres quedaban inermes sería fácil que cayera sobre ellos la represión y nuevamente fueran despojados de sus tierras.

Hombre esencialmente honesto y leal, no suponía la terrible decepción que le esperaba con Francisco I. Madero.

MADERO Y ZAPATA

Francisco I. Madero inició su recorrido triunfal desde Ciudad Juárez hasta la capital de la República el primer día de junio de 1911. Cada vez que el tren especial en que viajaba se detenía en las estaciones de los pueblos y ciudades, las multitudes acudían a vitorearlo. El país veía en aquel hombre de pequeña estatura, que recibía aclamaciones en compañía de su esposa Sara, al salvador de la patria y al campeón nacional de la democracia.

En Piedras Negras, el flamante gobernador de Coahuila, Venustiano Carranza, quien acudió desde Saltillo con una gran comitiva, dio una efusiva bienvenida a don Francisco y se unió al séquito. Hubo también grandes recibimientos en Torreón, Zacatecas y Aguascalientes, así como en San Juan del Río, tierra natal de doña Sara Pérez de Madero. En Celaya, donde se celebró un gigantesco banquete, se agregaron al convoy varios trenes llenos de maderistas que llegaron para acompañar al apóstol de la democracia en su arribo a la capital del país.

La ciudad de México se vistió de gala para recibir al héroe quien debía hacer su arribo el 7 de junio. Sorpresivamente, a las cuatro de la madrugada de ese día, la metrópoli fue sacudida por un fuerte y prolongado sismo. Despertada por el temblor, la gente salía a las calles en paños menores y se arrodillaba implorando la protección divina. No faltó quien clamara:

"¡El cielo y la tierra se vuelven contra nosotros por haber expulsado del país al gran patriota Porfirio Díaz! ¡Este temblor es el justo castigo de Dios!"

Poco después surgió una canción popular que decía:

Unos decían que sí y otros que no,
y cuando llegó Madero hasta la tierra tembló...

Varios edificios se desplomaron a causa el terremoto ocasionando la muerte de unas cincuenta personas e innumerables heridos. No obstante, a media mañana de aquel miércoles 7 de junio, los habitantes de la ciudad, olvidándose en lo posible de los terrores sísmicos de la madrugada, se dispusieron a ir a la Estación Colonia para recibir al Caudillo de la Revolución. A las doce y cuarto en punto su tren se detuvo en la terminal ferrocarrilera.

Minutos después se abrió la puerta del carro dormitorio y se vio aparecer a Madero con bombín y chaqué negros y pantalón rayado, del brazo de su esposa suntuosamente ataviada. Los vivas atronaron los espacios, las bandas de música lanzaron al unísono los acordes de una marcha y el cielo se llenó con los repiques de las iglesias de la ciudad.

Sonriente y en alto los cortos brazos, don Francisco permitió que un grupo de entusiastas le colocaran en el pecho una banda tricolor y entre gritos y aplausos fue conducido, casi en vilo, hacia la espléndida carroza que los aguardaba a él y a su mujer. El suntuoso carruaje se hallaba tirado por seis blancos corceles cuyas bridas sostenían seis palafraneros con peluca blanca. Realmente, más que el recibimiento a un líder demócrata, parecía la recepción a un monarca europeo de los viejos tiempos.

Entre la enorme multitud reunida para recibir a Madero en la Estación Colonia, llamaba la atención un grupo de hombres vestidos a la usanza ranchera, con chaqueta y pantalones charros y grandes sombreros picudos. Uno de ellos —moreno, bien plantado, de ojos profundos y grandes bigotes negros— se abrió paso entre la compacta muchedumbre al ver acercarse a Madero. Al hallarse frente a él, ambos hombres se estrecharon en un fuerte abrazo. Con voz emocionada, don Francisco dijo:

—Quiero verlo mañana pues tengo muchas cosas que hablar con usted don Emiliano. Lo espero mañana a las nueve en mi casa en las calles de Berlín número 21 para almorzar.

Dicho esto, Madero desapareció, tragado por la marejada humana.

Al día siguiente Emiliano se presentó al almuerzo llevando en la mano su inseparable carabina. Siempre parco en el comer y "engentado" en aquella mansión lujosamente amueblada y llena de importantes personajes, el hombre de Anenecuilco apenas probó el espumoso chocolate, los finos bizcochos, las enchiladas, la humeante cecina y los suculentos frijoles que se sirvieron con tortillas acabadas de salir del comal. Entre los comensales figuraban Emilio Vázquez Gómez, Benito Juárez Maza y Venustiano Carranza, quien tras de sus espejuelos oscuros lo miraba con aire de suficiencia y desdén manifiesto.

Concluido el almuerzo, Madero y Zapata pasaron al despacho de don Francisco, quien sin rodeos le dijo a Emiliano que era indispensable y urgente el licenciamiento de las tropas que comandaba, dado que con el triunfo revolucionario no tenía caso mantener cuerpos armados que no fueran el ejército federal, la policía y los rurales.

Zapata replicó:

—Pero señor Madero, tome usted en cuenta que el ejército es nuestro natural enemigo. ¿O acaso cree usted que porque el pueblo derrocó al tirano, esos señores del ejército van a cambiar su manera de ser y a tenernos consideración?

Madero insistió:

—General Zapata, comprenda que la época en que la revolución necesitó de las armas ha pasado ya, y que ahora la lucha vamos a tener que darla en otro terreno y en forma ordenada. La revolución necesita garantizar el orden y ser respetuosa de la propiedad.

Como ducha de agua helada cayeron sobre Emiliano estas palabras de Madero. Y no pudiendo contenerse, se puso de pie y dijo:

—Mire, señor Madero, si yo, aprovechándome de que estoy armado le quito su reloj y me lo guardo, y andando el tiempo nos llegamos a encontrar los dos armados y con igual fuerza, ¿tendría usted derecho a exigirme su devolución?

—¡Por supuesto, general! Y hasta tendría yo derecho a exigirle una indemnización por el tiempo en que usted usó mi reloj indebidamente —contestó Madero.

Zapata argumentó entonces:

—Pues eso es justamente lo que nos ha pasado en el estado de Morelos donde unos cuantos hacendados se han apropiado por la fuerza de las tierras de los pueblos. Mis soldados, los campesinos armados y los pueblos todos, me exigen que diga a usted que desean que apoye de inmediato la restitución de sus tierras.

Visiblemente nervioso, Madero le dijo a Emiliano que no tenía por qué preocuparse, ya que todas las promesas hechas por la revolución se cumplirían. Añadió que se escogerían algunos de los elementos revolucionarios mejor organizados para crear corporaciones irregulares del ejército.

Zapata manifestó:

—Nosotros queremos, señor Madero, que usted visite el estado de Morelos para que se dé cuenta de nuestras necesidades y cuanto antes disponga la legítima devolución de las tierras a los pueblos.

Madero contestó:

—Le ofrezco ir a Morelos don Emiliano y estudiar el caso para resolverlo con apego a la justicia. Además, en atención a los servicios que ha prestado usted a la revolución, voy a procurar que se le gratifique de modo conveniente para que pueda usted adquirir un buen rancho.

Sin ocultar su disgusto y herido en lo más íntimo con el ofrecimiento, Zapata retrocedió un paso y dando un golpe en el suelo con la carabina que no abandonaba ni por un momento exclamó con la voz alterada:

—¡Señor Madero, veo que usted no me ha entendido! ¡Yo no entré a la revolución para volverme hacendado! ¡Si algo valgo es por la confianza que en mí han depositado los hombres que tienen fe en nosotros, en usted y en mí, porque creen que les vamos a cumplir lo que se les tiene ofrecido! ¡Y si abandonamos a esa gente que ha hecho la revolución, tendría razón en volver sus armas contra quienes se olvidan de sus compromisos!

Sonriendo a duras penas, Madero se levantó de su silla y le dijo al caudillo suriano:

—No, general Zapata, por favor comprenda lo que quiero decirle: que lo ofrecido al pueblo se cumplirá y que además, lo cual me parece completamente justo, a los jefes que como usted han prestado valiosos servicios a la causa, se les retribuirá de la manera debida.

Firme en su certidumbre, Emiliano recalcó:

—Ya se lo dije señor Madero, lo único que nosotros queremos es que se nos devuelvan las tierras que nos han robado los hacendados.

Madero se comprometió a visitar Morelos el domingo 11 de junio y Zapata se despidió descontento con la conversación tenida. Sin embargo, aún consideraba que don Francisco era su aliado y que le ayudaría para imponer su verdad y la de su gente por encima de los intereses y maquinaciones de los hacendados.

Mientras tanto, la oligarquía morelense daba pasos para ganarse la voluntad de Madero y malquistar a Zapata con él. Antonio Barrios, presidente de la Asociación de Azúcar y Alcohol se apresuró a enviar una carta a don Francisco en la que se quejaba amargamente de que los rebeldes no se hallaban dispuestos a deponer las armas, sembrando con ello la intranquilidad en el estado. Al mismo tiempo, un grupo de acaudalados comerciantes de la entidad se las arreglaron para acompañar a Madero durante su viaje a Cuernavaca.

Por su parte, Juan Carreón, el gobernador impuesto en Morelos por los hacendados, le ofreció a Madero un suntuoso banquete en el Jardín Borda, al cual fue invitada la alta sociedad morelense, incluidos algunos hacendados. Zapata fue también invitado y uno de sus ayudantes le preguntó:

—¿Vas a ir a esa comida Miliano?

Zapata le contestó:

—Una pura chingada que voy a ir, va a ser una comida para puros cabrones ricos y yo nada tengo que hacer allí.

Madero llegó a Cuernavaca en tren el domingo 11 a eso de la una de la tarde. Iba acompañado por varios miembros de su familia y por su estado mayor así como por la comisión de comerciantes de Morelos. Zapata lo escoltó con sus tropas hasta el centro de la ciudad y entró con él al Palacio de Cortés. Después lo escoltó hasta las puertas del Jardín Borda, de donde se retiró para no asistir al banquete de la gente adinerada.

Preocupado por la ausencia de Zapata en el convivio, Madero le mandó decir que tuviera confianza en él, que si era necesario nombraría un gobernador que garantizara los intereses revolucionarios y campesinos en el estado. Pero donde Emiliano se encontraba contento era entre los suyos, así es que organizó una comida de camaradería para sus tropas con las que departió hasta la caída de la tarde.

Cuando estuvo con él en el Palacio de Cortés, Madero le insistió a Zapata en la necesidad de desarmar a su gente cuanto antes. Emiliano aceptó por fin, ante las promesas de don Francisco, aunque sin acabar de convencerse en su esfuerzo interno de la conveniencia de hacerlo.

La operación de desarme de los zapatistas tuvo lugar el martes 13 de junio en una fábrica al noroeste de Cuernavaca ante Gabriel Robles Domínguez, hermano de Alfredo, a quien para el efecto comisionó Madero quien en esos momentos se hallaba en el estado de Guerrero. Los hombres de Zapata entregaron unas tres mil quinientas armas y recibiendo a cambio su paga de licenciamiento.

Madero regresó a Morelos el 15 de junio, su opinión sobre Zapata se había tornado adversa pues demasiado fácilmente dio oídos a los enemigos del Caudillo del Sur, quienes lo persuadieron de que era un hombre incapaz de controlar a su gente, individuos bárbaros y peligrosos. Cuando se encontró de nuevo en la ciudad de México, Madero se encontraba dispuesto a creer lo peor acerca de Zapata y los zapatistas.

Madero le había prometido a Zapata que lo nombraría jefe de la policía federal de Morelos a la cual podría incorporar a cuatrocientos de sus hombres. Actuando de buena fe y considerándose ya el jefe policiaco del estado, el 19 de junio Emiliano le solicitó al gobernador Carreón quinientos rifles y municiones, y cuando el funcionario se negó a proporcionárselos, los tomó por la fuerza con ayuda de su gente.

Los periódicos de la capital del país, subvencionados por los hacendados de Morelos, exhibieron entonces a Zapata como un temible delincuente y rebelde que se había alzado contra el gobierno y contra Francisco I. Madero, agregando que los zapatistas eran una partida de asesinos y ladrones, especímenes de raza inferior que no tardarían en caer sobre la ciudad de México si no se les sometía cuanto antes al orden. *El Imparcial* empezó a llamar a Zapata "el Atila del Sur" y "el moderno Atila".

Preocupado, Madero mandó llamar con urgencia a Emiliano, quien el 29 de junio llegó a la metrópoli y se alojó en el Hotel Coliseo donde fueron a entrevistarlo varios periodistas, con los que se dolió de las falsas y malévolas informaciones que la mayoría de los diarios capitalinos habían publicado acerca de su persona y del zapatismo y les dijo:

—Ya ven que no me como a la gente como dicen sus periódicos y sépanse que ni mis hombres ni yo fuimos a la revolución a robar y a cometer crímenes como también andan contando. No está bien que les hagan ustedes el juego a los ricos de Morelos, ellos sí son una punta de ladrones y sinvergüenzas. Yo sé que el mismo señor Madero se enojó al leer las declaraciones de los hacendados propaladas por ustedes y dijo que merecían el incendio de sus propiedades para que de verdad tuvieran de qué hablar.

Al día siguiente por la mañana, Zapata se entrevistó con Madero en la casa de Berlín 21. En la conversación,

Emiliano le aclaró la razón de sus actos, y después de mucho discutir le dio su palabra de honor de renunciar a jefaturar la policía de Morelos y de conservar sólo una escolta personal de cincuenta hombres. A cambio aceptó la firme promesa de Madero de auspiciar elecciones libres y democráticas y de ver la manera de legalizar la devolución de las tierras a los pueblos.

Cuando Emiliano Zapata regresó a Morelos y declaró que desistía de hacerse cargo de la policía del estado, los hacendados proclamaron su triunfo afirmando que al fin se terminaba con la insolencia del "peladaje" y que pronto las aguas volverían a su cauce. Pero se equivocaban. La inquietud de los campesinos continuaba en plena efervescencia y su espíritu de lucha seguía intacto. En las inmediaciones de Cuautla los campesinos se negaron a devolver a las haciendas las tierras recuperadas hacía poco. Igual hicieron los labriegos de Cuauchichinola los calpuleques de esos lugares mandaron insertar en la prensa de la ciudad de México una carta a Madero en la que le exigían la reivindicación de sus derechos a las tierras, "de acuerdo con las justas promesas del Plan de San Luis" y dado que sus comunidades eran "antiguos pueblos fundados por disposición de los mexicas y más tarde reconocidos por los gobiernos virreinales".

Por su parte, los habitantes de Jiutepec acusaron públicamente a la familia Corona, propietaria de las haciendas de San Gaspar y San Vicente, de haberse apropiado de tierras comunales valiéndose de "una farsa para apoderarse del patrimonio de todo el pueblo".

Además, varios poblados y ciudades postularon a Zapata para gobernador, organizando clubes para impulsar su candidatura, decididos a hacerlo triunfar en las elecciones que tendrían verificativo a mediados de agosto de 1911. Sin embargo debe aclararse que Emiliano no alentó al respecto a los morelenses. Hombre puro y desprovisto de ambiciones personales de poder y muy posiblemente desalentado además por la ingrata experiencia tenida en el asunto de la jefatura de policía que le ofreciera Madero, no se interesó mayormente por la candidatura.

El zapatismo aún se hallaba demasiado vivo y esto llenó de temor a los hacendados quienes intensificaron su campaña de maquinaciones e intrigas. El latifundista Emmanuel Amor, propietario de las haciendas de San Gabriel y Actopan, le envió una carta a Madero en la que le decía:

"Somos víctimas de constantes atropellos. Pero yo no he creído ni por un solo momento que usted pueda dar cabida a las pretensiones socialistas de esas personas."

VICTORIANO HUERTA CONTRA ZAPATA

Fue mucho lo que los hacendados de Morelos se esforzaron en las elecciones de agosto de 1911 por llevar a la gubernatura del estado a alguien que velara por la integridad de sus propiedades y los protegiera de las reivindicaciones campesinas emprendidas por Zapata. Algunos de ellos pensaban que Ambrosio Figueroa sería el hombre indicado. Otros se acercaron a Patricio Leyva. Otros más dieron oídos a las promesas de Ramón Oliveros, un politicastro farsante y marrullero que les aseguró que les condonaría los impuestos atrasados si lo ayudaban a ganar la gubernatura.

Mientras las ambiciones se incrementaban en Morelos, la política nacional vivía situaciones extremadamente críticas. El 9 de julio Madero disolvió el Partido Antirreeleccionista y anunció la formación de un nuevo partido, el Constitucional Progresista. Con ello buscaba deshacerse de los hermanos Francisco y Emilio Vázquez Gómez, a la sazón ministros de Gobernación y de Instrucción Pública. El doctor Francisco Vázquez Gómez era el candidato antirreeleccionista para la vicepresidencia del país pero Madero pensaba ya en otro candidato más de su gusto para ese puesto. Como era de esperarse, el rompimiento no tardó en producirse. Los Vázquez Gómez no aceptaron la disolución de un partido en el cual su posición era bastante fuerte y lucharon por mantener vigentes y activos a los clubes antirreeleccionistas en toda la República. Los antiguos maderistas se dividieron convirtiéndose unos en constitucionalistas progresistas mientras los otros permanecían siendo fieles antirreeleccionistas.

En el estado de Morelos, Patricio Leyva se incorporó al nuevo partido creado por Madero, en tanto que el influyente político Antonio Sedano lanzaba un manifiesto en el que declaraba que era una sucia maniobra tratar de imponer un nuevo candidato a la vicepresidencia del país.

Emilio Vázquez Gómez —quien al igual que su hermano era un hombre de extracción humilde y con una fuerte proporción indígena en su sangre— no había estado de acuerdo con los licenciamientos de tropas promovidos por Madero y su simpatía ideológica con el zapatismo era muy fuerte. Así que al suscitarse la ruptura con Madero, él y su hermano Francisco empezaron a rearmar subrepticiamente a los zapatistas enviándoles mejores armas que las que éstos habían entregado al gobierno. Los zapatistas las recibieron con verdadero gusto pues les estaban haciendo mucha falta dado que sus problemas con los hacendados y con los cuerpos de rurales no tenían fin.

Cada día eran mayores las dificultades. En la ciudad de Puebla estando anunciada la llegada de Madero la noche del 12 de junio, el coronel federal Aureliano Blanquet, por órdenes del ex-gobernador Mucio Martínez, tiroteó a un grupo de zapatistas desarmados que dormían en la plaza de toros. Los barrieron con ametralladoras que emplazaron en las graderías con algún fútil pretexto. Murieron unas cincuenta personas, entre ellas varias mujeres y niños. Abraham Martínez, jefe del estado mayor de Zapata, quedó detenido.

Al enterarse de lo ocurrido, Emiliano ordenó a sus jefes que concentraran su fuerzas en Cuautla para desde allí marchar sobre Puebla. Zapata ignoraba que en dicha ciudad Madero había culpado de lo sucedido a los zapatistas y elogiado la "lealtad y valentía" de los soldados comandados por Blanquet y le envió un telegrama informándole que estaba a punto de salir de Puebla con sus hombres. De inmediato, Madero le contestó que permaneciera en Morelos, orden que fue acatada por Zapata.

Madero logró calmar a Emiliano pero se enteró de que en Morelos había de nueva cuenta zapatistas en armas que no se hallaban dispuestos a ser desmovilizados. La actitud rebelde de Zapata quedó confirmada el 22 de julio, cuando firmó una protesta en la que varios jefes revolucionarios manifestaban su descontento con el régimen del presidente De la Barra. No obstante, Emiliano no deseaba entrar en combate. Sabía que a de la Barra le quedaba poco tiempo en el poder y confiaba en que la situación cambiaría favorablemente al llegar Madero a la Presidencia.

El día 2 de agosto, Emilio Vázquez Gómez renunció al ministerio de Gobernación y fue sustituido por Alberto García Granados, un sujeto intrigante y presuntuoso, propietario de una gran hacienda ubicada en el estado de Puebla. Los hacendados de Morelos dieron rienda suelta a su regocijo cuando, días después de asumir el cargo, García Granados manifestó su interés en combatir la "influencia escandalosa y perniciosa" de Zapata y su decisión de "no tratar con bandidos". No tardaría en declarar que, a menos que Emiliano obedeciera la orden de desbandar cuanto antes a sus fuerzas, el ejército federal las atacaría como a partidas de forajidos.

En un carta abierta, Zapata reafirmó su lealtad y la de su gente a Madero pero hizo saber que no estaba dispuesto a dispersar sus tropas ni a dejar de cumplir sus compromisos de restituir las tierras a los campesinos. Como prueba de su buena fe, envió a su hermano Eufemio y al destacado jefe zapatista Jesús Morales, a que hablaran con Madero.

Emiliano les confió a varios amigos que proyectaba licenciar a sus tropas de manera definitiva y retirarse a la vida privada tan pronto Madero ocupara la presidencia de la República y llevara a cabo sus promesas revolucionarias. Tan verdaderos eran sus propósitos que en la primera semana de agosto, pocos días antes de celebrar su cumpleaños número treinta y dos, contrajo matrimonio con Josefa Espejo, una muchacha campesina de Villa de Ayala.

Aún celebraba su luna de miel, cuando el día 9 de agosto le llegó la noticia de que una fuerte columna de infantería, caballería y artillería, al mando del inflexible general de brigada Victoriano Huerta, había entrado en Morelos con el propósito de combatir a los zapatistas. Sin perder tiempo, Zapata envió telegramas de protesta al ministerio de Gobernación y a don Francisco I. Madero. A este último le decía que si no tenía poder suficiente para poner un alto a la irrupción militar en el estado, por lo menos hiciera una declaración pública de desaprobación.

También le informaron —lo cual era una clara burla al zapatismo— que el gobierno federal había designado gobernador de Morelos al general Ambrosio Figueroa, enemigo jurado de Emiliano.

La campaña militar de Huerta en Morelos —durante la cual por poco pierde la vida Zapata en una emboscada—

se desarrolló con ferocidad extrema. Su finalidad era obligar a Emiliano a desarmar a sus hombres. Huerta, uno de los jefes más duros del antiguo ejército porfirista, poseía gran experiencia en operaciones en las tierras del sur, pues había ganado su ascenso a general de brigada al aplastar rebeliones en esa vasta región. Lo cierto fue que sus tropas avanzaron sobre las inermes poblaciones morelenses, decididas a "acabar con los bandidos". Los zapatistas, al darse cuenta de que el ejército federal era muy superior en armas y hombres, se refugiaban en los barrancos o escondían sus rifles y salían con el arado a cultivar los campos convertidos en pacíficos labriegos.

Solicitado por Zapata, Madero llegó el 13 de agosto a Cuernavaca donde después de recibir pruebas de la falsedad del general Huerta, sostuvo una conversación telefónica con Emiliano que permanecía en Cuautla. Zapata le demandó que fueran retiradas las fuerzas federales por respeto a la soberanía de la entidad y que nombrara un gobernador que garantizara una política agraria favorable para los campesinos, así como la separación de las autoridades locales impopulares, rémoras del viejo régimen.

La conferencia se prolongó y Madero, deseoso de hacer intervenir en ella a uno de sus consejeros, le pasó la bocina a éste, quien de manera del todo imprudente se permitió opinar que las peticiones de Emiliano obedecían al miedo que los zapatistas les tenían a los federales. Fuera de sí al escuchar tal cosa, Zapata dijo a gritos en el teléfono:

—¡Sépase, grandísimo pendejo, quien quiera que usted sea, que cuando salí a la revolución dejé en mi casa, colgados de un clavo, unos pantalones viejos en los que se quedó el poco miedo que en mi vida he tenido!

A mediados de agosto se supo que otras tropas federales, al mando de Aureliano Blanquet, avanzaban desde

Puebla hacia Jonatepec con el fin de contribuir a someter a los zapatistas.

Al mismo tiempo que las fuerzas gobiernistas se adueñaban de Morelos, los periódicos de la ciudad de México intensificaban su campaña de calumnias contra el zapatismo y contra Zapata, al que se le atribuían frases como ésta: "No reconozco más gobierno que el de mis pistolas". El parcialísimo diario llamado *El Imparcial*, llegó a decir que Emiliano se había apoderado de toda la dinamita existente en Cuernavaca, ciudad en la que ya no quedaban señoritas, pues todas habían huido temerosas de los desmanes zapatistas.

Pero Zapata contaba con innumerables simpatías entre los habitantes de la metrópoli, donde alrededor de veinticinco mil manifestantes desfilaron hacia Chapultepec, exigiéndole al gobierno que fueran retirados de Morelos Huerta y los federales, lanzando vivas a Zapata y a Madero. Habló con mucha elocuencia Jesús Urueta y a su pedido se negó un aplauso a de la Barra hasta que no cumpliera lo que se le reclamaba.

El viernes 18 de agosto, Madero llegó a Cuautla para hablar con Zapata al que le dio la seguridad de su apoyo y llamó "integérrimo general". Y desde un balcón del Hotel Morelos arengó a los zapatistas, una inmensa multitud de hombres de calzón blanco y sombreros de petate, y les dijo:

—"He venido a traer a ustedes la calma, la justicia y la paz, y no me iré de Morelos hasta que tenga la seguridad de que vuestros derechos serán respetados en todos sentidos".

Desde Cuautla, Madero le telegrafió a de la Barra, solicitándole que las tropas federales se reconcentraran en Cuernavaca para regresar de inmediato a la ciudad de México. Al día siguiente le envió este nuevo mensaje:

"Huerta y Blanquet son muy odiados en esta región,

y como a mí me engañó el primero, comprendo muy bien que estas gentes tengan desconfianza de que con cualquier pretexto dichos militares desobedezcan al gobierno para provocar un conflicto, que parece es lo que Huerta desea."

Los esfuerzos de Madero se estrellaban contra la terquedad del gobierno de de la Barra, resuelto a someter al zapatismo por medio de la violencia. Envalentonado con el apoyo que le daba gente como Alberto García Granados, Huerta continuaba cometiendo todo género de tropelías en Morelos.

Tantos y tan grandes fueron los abusos cometidos por él y sus soldados, que los mismos hacendados que los habían recibido con los brazos abiertos acabaron protestando airadamente por los robos y los destrozos que les ocasionaron en sus propiedades.

De Yautepec, Victoriano Huerta se dispuso a avanzar con sus tropas sobre Cuautla. Alarmado, Zapata fue de inmediato a Cuernavaca donde se encontraba Madero al que le dijo:

—¿Dónde está su autoridad de Jefe de la Revolución? Acuérdese señor Madero de que al pueblo no se le engaña, y si usted no cumple con sus compromisos, con las mismas armas con que lo elevamos lo derrocaremos.

Después de que hablaron largamente, Zapata comprendió que nada se arreglaría pese a la buena voluntad de Madero y cuando éste se despidió para marcharse a México le dijo:

—Váyase usted a México señor Madero y déjenos aquí. Nosotros nos entenderemos con los federales. Ya veremos después cómo nos cumple usted cuando suba al poder.

Madero replicó:

—No general Zapata, voy a México a arreglarlo todo. Esta actitud de Huerta ni yo mismo me la explico; pero tenga usted la seguridad de que el presidente no la aprobará y creo que todo lo arreglaremos de acuerdo con las leyes.

Con gesto escéptico, Zapata le respondió mientras miraba significativamente su carabina:

—Se me hace que no va a haber más leyes que las muelles.

Apenas se había ido Madero cuando Eufemio Zapata le dijo a Emiliano:

—Oye hermano, yo creo que este chaparrito ya traicionó a la causa. Está muy tierno para Jefe de la Revolución y no va a cumplir con nada. Sería bueno quebrarlo de una vez. ¿Tú qué dices?

Mirando fijamente a Eufemio, Emiliano le contestó:

—No, Eufemio, sería una terrible responsabilidad para nosotros y no debemos cargar con ella. Yo también creo que en nada va a cumplirnos porque todos juegan con él. Pero espérate a que suba al poder, y si estando en él no cumple con los compromisos que tiene contraídos con el pueblo, no faltará un palo de dónde colgarlo.

ROMPIMIENTO CON MADERO

Ambrosio Figueroa no aceptó la gubernatura de Morelos, pero sumó sus efectivos a los de Victoriano Huerta lanzando a las tropas de su subordinado Federico Morales contra los zapatistas que se vieron en muy graves aprietos acosadas por las tropas de Huerta, de Blanquet y Figueroa.

Las tropas de Huerta eran las más temibles y crueles. Fusilaron a cientos de campesinos por la simple sospecha de que ayudaban a Zapata, robaron cosechas, saquearon e incendiaron pueblos. Empero, no lograron someter a Emiliano. Conocedores del terreno, sus hombres presentaban una resistencia tenaz, tendían celadas al enemigo y caían sorpresivamente donde menos se les esperaba. Ancianos, mujeres y niños colaboraban activamente con los guerrilleros. En no pocas ocasiones, las mujeres peleaban con las armas en la mano al lado de sus hombres. Todo el estado se encontraba en rebeldía.

El 29 de agosto de 1911 se celebró en la capital del país un consejo de ministros presidido por Alberto García Granados, el maligno secretario de Gobernación, aprobándose la persecución en toda forma de Zapata y su captura o muerte. Tres días después, las tropas de Federico Morales atacaron la hacienda de Chinameca, donde Emiliano se había refugiado con algunos zapatistas. Morelos ordenó una carga contra el frente de la hacienda. Alertado con los tiros, Zapata logró escapar por los cañaverales.

Mientras tanto, el general Huerta avanzó y tomó Villa de Ayala, población que encontró desierta ya que sus habitantes —hombres, mujeres y niños— la abandonaron en masa para unirse al zapatismo.

El día 4 de septiembre Emiliano llegó a Ixcamilpa, en la zona montañosa de Puebla, montando en un burro y con sólo diez hombres. Allí se encontró a Juan Andrew Almazán quien le proporcionó un buen caballo y bastimentos. Almazán mantenía entonces buenas relaciones con Victoriano Huerta pero en Ixcamilpa resolvió reincorporarse a la revolución y adherirse a los zapatistas.

Poco después, con sus huestes reestructuradas y el apoyo de Almazán, Emiliano reapareció hostigando a las tropas del coronel Añorve en Huemuxtitlán. Luego ambos jefes tomaron el rumbo de Olinalá. El sistema de combate de los zapatistas consistía en una peculiar guerra de guerrillas en las que cada soldado era al mismo tiempo un campesino que trabajaba las tierras. Después de unirse a otros campesinos como él para llevar a cabo alguna acción de guerra, volvía a su parcela y a su trabajo. Las armas las obtenían arrebatándoselas al enemigo en los encuentros.

El 27 de septiembre de 1911, Zapata dictó una carta dirigida al gobierno en la que manifestaba que eran ilegítimos los gobernadores de Morelos, Puebla, Guerrero y Oaxaca y pedía a las autoridades y jefes militares populares, justicia para los pueblos en lo referente a tierras, montes y aguas; abolición de las prefecturas y amnistía para los presos políticos.

Al entregar este mensaje a de la Barra partieron a la ciudad de México Juan Andrew Almazán, José Trinidad Ruiz y Jesús Jáuregui, quienes se entrevistaron con el presidente interino el día 29. Al día siguiente se reunió un consejo de ministros, el cual acordó amnistiar a Almazán para que continuara sus estudios de medicina y perdonar a Zapata por su actitud rebelde, si bien reservándose el derecho de castigarlo por los delitos que le resultaran en el proceso que se le instruía. Sabían perfectamente los ministros que la respuesta era inaceptable para Zapata, al que querían seguir combatiendo y destruir.

Victoriano Huerta inició el día 2 de octubre su avance sobre Tehuitzingo, Puebla, donde se hallaba atrincherado Zapata. Con habilísima estrategia, Emiliano simuló una retirada rumbo a Acatlán con parte de sus tropas. Mientras tanto, la otra parte de sus efectivos regresó a Morelos a marchas forzadas y por brechas sólo por él conocidas. Ya en su estado natal, reclutó tropas entre sus partidarios y aniquiló a las guarniciones federales de diferentes poblados. Fue así como ocupó varios pueblos y llegó a situarse a veinticuatro kilómetros de la ciudad de México.

Humillado y sin haber logrado su propósito de someter al zapatismo y de aprehender o dar muerte a Zapata, Victoriano Huerta regresó a la capital del país en la segunda semana de octubre de aquel año de 1911.

El primero de octubre se realizaron las elecciones presidenciales primarias y el 15 del mismo las secundarias. El triunfo del binomio Madero-Pino Suárez fue inobjetable. Baste señalar que los demás aspirantes a la presidencia (Francisco León de la Barra, Emilio Vázquez Gómez y varios más) únicamente alcanzaron entre todos ciento cincuenta votos.

En consecuencia, la Cámara de Diputados declaró presidente electo a Francisco I. Madero y vicepresidente electo a José María Pino Suárez. La mañana del 5 de noviembre se proclamó el solemne bando en el que se daba cuenta de la elección. Al día siguiente, enmedio de un gran júbilo popular, Madero asumió la presidencia del país. Fue a no dudar un gran acontecimiento.

Desde las seis de la mañana empezaron a sonar los silbatos de las fábricas y las campanas de los templos fueron echadas a vuelo. Treinta y cuatro bandas de música de los pueblos vecinos dieron las "mañanitas" al señor Madero. Cuatro arcos triunfales se alzaron en la Avenida San Francisco. Las calles estaban engalanadas con banderolas, gallardetes, festones y flores. A las once y media de la mañana, la banda de un batallón tocó una marcha de honor en el pórtico de la Cámara de Diputados cuando Madero hacía su arribo para rendir su protesta, la cual le fue tomada por el diputado Manuel Leví.

Al abandonar el nuevo presidente el recinto parlamentario, el pueblo se desbordó en manifestaciones de alegría, las campanas repicaron y el estallido de los cohetes se mezcló con el retumbar lejano de las salvas de artillería y con los acordes de las bandas militares.

Madero y su comitiva se dirigieron al Palacio Nacional para el brindis con el gabinete ministerial, el cuerpo diplomático y los invitados de honor. El cortejo era escoltado por fuerzas al mando de Pascual Orozco, Gabriel Hernández, Cándido Aguilar y otros jefes revolucionarios. Al hacer su entrada al Palacio el nuevo primer magistrado, los cadetes del Colegio Militar presentaron armas y los clarines de guerra tocaron el Himno Nacional.

Madero fue recibido en el Salón Verde por el licenciado de la Barra al que le dio un abrazo. En el Salón de Embajadores, pletórico de concurrencia, se hizo la entrega del gobierno. En la tarde, el nuevo primer mandatario instaló su residencia en el Castillo de Chapultepec. Por la noche hubo una verbena popular en la que las bandas del Estado Mayor, de Artillería y de Zapadores ejecutaron piezas musicales y se quemaron fuegos de artificio.

En esa fecha memorable llegó al Palacio Nacional un mensaje de felicitación en el cual Emiliano Zapata le decía al flamante presidente:

"Lo felicito efusivamente por la protesta que acaba de hacer al delicado puesto de Presidente de la República, deseándole que el Ser Supremo le conceda realizar sus nobles propósitos en bien de la paz y la prosperidad de nuestra querida patria. Las maquinaciones de los reyistas, que sólo buscan el medro personal, se han estrellado ante la roca de la justicia y la voluntad populares. La causa que defendimos y seguimos defendiendo descansa en la fuerte palanca del pueblo y las causas así son invencibles. El pueblo de Morelos lo ha probado defendiéndose contra sus opresores y tiranos que asesinan y anegan en sangre nuestros hogares y nuestros campos. Pero la justicia de Dios y del pueblo caerá sobre la cabeza de los asesinos de nuestros hermanos que arrasan los pueblos en una terrible guerra de exterminio."

En espera de las noticias del presidente Madero y del cumplimiento de sus promesas revolucionarias, Zapata reunió a sus hombres en Villa de Ayala. Allí fue avisado, el 8 de noviembre, de que el licenciado Gabriel Robles Domínguez se hallaba en la vecina ciudad de Cuautla donde lo esperaba para entablar negociaciones. Emiliano se alegró mucho con la noticia y supuso que sus problemas terminarían.

Apenas iniciado el gobierno de Madero, éste manifestó su determinación de hacer justicia a los zapatistas influido en ese propósito por su hermano Gustavo quien no ocultaba su simpatía por la causa de los campesinos morelenses. Fue por ello que comisionó a Robles Domínguez para negociar un arreglo con Zapata.

Luego de conferenciar largamente, Emiliano y Robles Domínguez llegaron a un trato conforme al cual las tropas zapatistas serían desbandadas a cambio de que Ambrosio Figueroa —quien al fin había asumido la gubernatura— renunciara al cargo; se retiraran del estado las tropas federales; se concediera el indulto a los rebeldes; se proclamara una ley agraria que mejorara las condiciones de vida de los campesinos y se autorizara que quinientos zapatistas permanecieran armados hasta que se marcharan de Morelos las tropas del gobierno. Asimismo se señalaba que la jefatura de los rurales en el estado se entregaría a Raúl Madero o, en su defecto, a Eufemio Zapata.

Realmente no eran desmedidas las condiciones puestas por Emiliano y Robles Domínguez le manifestó su confianza de que el acuerdo sería ratificado por el presidente.

En tanto tenían lugar las negociaciones entre Zapata y Robles Domínguez, fuerzas federales al mando del general Arnoldo Casso López realizaron movimientos sospechosos y tendieron un cerco sobre los zapatistas concentrados en Villa de Ayala. Es más, Casso López no permitió la salida de Robles Domínguez hacia la ciudad de México y éste tuvo que enviarle a Madero un telegrama cifrado en el que le decía:

"Conseguidas condiciones excelentes. Tropas federales quieren atacar para romper los resultados de la conferencia, impidiéndome además regresar a México. Ruégole ordene que por ningún motivo sea atacado Zapata."

Madero le telegrafió a Casso López ordenándole que permitiera el paso a Robles Domínguez y se abstuviera de atacar a Zapata.

A la llegada del comisionado a la ciudad de México, Madero lo recibió de inmediato en la residencia presidencial de Chapultecec. Absurdamente, cuando conoció las condiciones estipuladas por Emiliano se indignó y dijo que Zapata, más que pedir, trataba de imponer su voluntad y de menoscabar la autoridad presidencial y le dio por escrito estas condiciones a Robles Domínguez:

"Haga saber a Zapata que lo único que puedo aceptar es que inmediatamente se rinda a discreción, y que todos sus soldados depongan inmediatamente las armas. En este caso indultaré a sus soldados del delito de rebelión y a él se le darán pasaportes para que se vaya a radicar temporalmente fuera del estado.

"Manifiéstele que su actitud de rebeldía está perjudicando mucho a mi gobierno y que no puedo tolerar que se prolongue por ningún motivo; que si verdaderamente quiere servirme, es el único modo como puede hacerlo.

"Y hágale saber que no debe temer por su vida si depone de inmediato las armas."

Robles Domínguez volvió a Morelos con el propósito de hacerle conocer a Zapata la inesperada resolución del presidente pero el general Casso López, a quien por lo visto le caía mal el agente de Madero, le impidió de nueva cuenta el paso y Robles Domínguez tuvo que enviarle la noticia a Emiliano a través de un intermediario.

Zapata se llenó de indignación y desencanto al conocer la infortunada decisión de Madero y le dijo al emisario con el que Robles Domínguez le mandó el mensaje:

—Dígale usted al licenciado Robles Domínguez que le diga a Madero que me ha engañado.

A principio de diciembre, a unos cuantos días de haber sido proclamado el Plan de Ayala, Madero —aún desconocedor del documento— envió una nueva comisión a entrevistarse con Emiliano en un campamento instalado en los límites de los estados de Morelos y Puebla pero sin llevarle ninguna propuesta diferente.

Zapata les dijo a los enviados:

—Yo he sido el más fiel partidario de Madero y buenas pruebas le he dado de ello; pero he dejado de serlo. Madero me ha traicionado y ha traicionado también a mi ejército, al pueblo de Morelos y a la nación entera. La mayor parte de sus partidarios están encarcelados o son perseguidos y ya nadie tiene confianza en él porque ha violado sus promesas. Es el hombre más veleidoso que he conocido.

Azorados, los comisionados le preguntaron:

—¿Pero, qué debemos decirle al señor presidente?

—Lo que acaban de oír. Y díganle también de mi parte que mejor se vaya fuera del país porque de lo contrario ya puede ir contando los días que corren, pues dentro de un mes estaré en México con veinte mil hombres y he de tener el gusto de llegar hasta Chapultepec y colgarlo de uno de los sabinos más altos del bosque.

El rompimiento de Zapata con Madero era ya definitivo.

PLAN DE AYALA

No fue solamente Emiliano Zapata quien se sintió desilusionado ante la tibieza revolucionaria de Francisco I. Madero. Muchos otros mexicanos se decepcionaron al conocer la integración del gabinete maderista, constituido de la siguiente manera:

Secretario de Gobernación, Abraham González; secretario de Relaciones Exteriores, Manuel Calero; secretario de Justicia, Manuel Vázquez Tagle; secretario de Instrucción Pública, Miguel Díaz Lombardo; secretario de Comunicaciones y Obras Públicas, Manuel Bonilla; secretario de Fomento e Industria, Rafael L. Hernández; secretario de Hacienda y Crédito Público, Ernesto Madero; y secretario de Guerra y Marina, José González Salas.

Fuera de Abraham González, Miguel Díaz Lombardo y Manuel Bonilla, hombres de entereza revolucionaria a toda prueba, los demás ministros eran gente indecisa y gris, desprovista de las agallas y el espíritu de lucha necesarios para dar cumplimiento a las promesas hechas al pueblo durante el movimiento armado. Algunos, como Vázquez Tagle y González Salas eran individuos aristocratizantes y ajenos por lo mismo al sentir de las masas. Otros, como Calero y Hernández, odiaban francamente a la revolución.

Así pues, no había cerca del nuevo presidente quien abogara en favor de Emiliano Zapata y los zapatistas, cuyos problemas y necesidades eran tan dignos de una solución adecuada y justa. Las excepciones eran Gustavo, el hermano del primer magistrado, quien no se cansaba de repetirle la razón que asistía a los revolucionarios de Morelos; y la admirable mujer llamada Dolores Jiménez y Muro, la redactora de aquel plan político y social proclamado el 18 de marzo de 1911, y por el cual fue llevada a la cárcel. Una vez recuperada su libertad, doña Lola constantemente procuraba entrevistarse en Palacio con Madero, siempre en defensa de la causa zapatista. Al producirse el rompimiento de Emiliano con el presidente, la valerosa dama, mientras recogía en una maleta una poca de ropa le dijo a su madre:

Me voy ahora mismo a la sierra con el general Zapata, vamos a seguir la revolución porque el gobierno de Madero nos ha fallado y no quiere repartir la tierra.

Poco después un grupo de maestros simpatizadores de Emiliano se fue también en su busca para unirse a la lucha. Pronto, la popularidad de Zapata y su gente llegó hasta las lejanas tierras del norte. Era evidente que el movimiento del hombre de Anenecuilco calaba muy hondamente en la conciencia colectiva.

Entretanto, los hacendados de Morelos se entendieron directamente con Madero al que le prometieron que darían trabajo a más de siete mil personas, si a cambio se comprometía a no dejar a un solo zapatista en armas. Se acercaron también al nuevo gobernador de Morelos, el general guerrerense Ambrosio Figueroa, sabedores de su enemistad con Zapata, le dieron dinero para que reforzara y armara mejor a los cuerpos de rurales encargados de apoyar las operaciones del ejército en persecución de los zapatistas.

La campaña contra el zapatismo proseguía encarnizada, pues Madero dio a las tropas federales y a las fuerzas rurales la orden de combatir a los rebeldes hasta aniquilarlos. Eludiendo el acoso, Emiliano —en cuya mente bullía ya una gran idea— se remontó a lo más fragoso de la serranía acompañado por el profesor rural Otilio Montaño, miembro de su estado mayor, ambos se encerraron por espacio de tres días en un jacal del pueblecito de Ayoxustla donde pasaron muchas horas haciendo apuntes a lápiz en papel de estraza. Luego, se trasladaron a la vecina ranchería de Ajuchitlán donde les aguardaba la mayor parte de los jefes zapatistas. En ese lugar Emiliano le ordenó a uno de sus subordinados:

—Vete por el cura de Huautla y dile que se traiga su máquina de escribir.

—¿Y si no quiere venir?

—Entonces te lo traes por la fuerza y cargando en la cabeza la máquina de escribir.

El cura de Huautla, simpatizador del zapatismo, accedió gustosamente a la petición. Además de su máquina de escribir, llevó suficientes cuartillas y hojas de papel carbón ofreciéndose para realizar el escrito con cuantas copias fueran necesarias. Una vez que terminó de mecanografiar, le dijo a Emiliano:

General, esto está muy bien, pero de veras muy bien. Es lo que ustedes necesitaban pues el zapatismo va para arriba. Por algo le decía yo a Victoriano Huerta cuando anduvo por aquí y me aseguró enfáticamente que pronto acabaría con usted que a Zapata no lo agarrarían más que una pura chingada.

Con su voz gruesa Montaño leyó el escrito en voz alta. Luego Emiliano se volvió a los cabecillas zapatistas allí reunidos y les dijo:

—A ver, esos que no tengan miedo, pasen a firmar este papel.

Y a los sones de una murga pueblerina que tocaba el Himno Nacional, los jefes zapatistas allí presentes desfilaron para estampar sus nombres y firmas en el documento conocido como Plan de Ayala, inicio de la revolución agraria en México y producto de muy antiguas aspiraciones campesinas convertidas en demandas inaplazables.

Emiliano Zapata, su hermano Eufemio, Francisco Mendoza, Jesús Morales, Jesús Navarro, Otilio Montaño, José Trinidad Ruiz y otros cincuenta y dos jefes zapatistas suscribieron el importante programa, primera bandera de la reforma agraria. Era el 28 de noviembre de 1911.

Zapata envió copias del Plan de Ayala a Gildardo Magaña, su agente en la ciudad de México, pidiéndole que las distribuyera en las embajadas y procurase publicar el documento en los periódicos. Sólo el Diario del Hogar aceptó divulgarlo y así lo hizo el 15 de diciembre de 1911 en una edición especial que se agotó rápidamente.

El texto del Plan de Ayala, base ideológica y programa de acción del zapatismo, es el siguiente:

"Plan Libertador de los hijos del Estado de Morelos afiliados al Ejército Insurgente que defiende el cumplimiento del Plan de San Luis, con las reformas que ha creído conveniente aumentar en beneficio de la Patria Mexicana.

"Los que suscribimos, constituidos en junta revolucionaria para sostener y llevar a cabo las promesas que hizo al país la revolución del 20 de noviembre de 1910, declaramos solemnemente ante la faz del mundo civilizado que nos juzga y ante la nación a la que pertenecemos y amamos, los propósitos que hemos formulado para acabar con la tiranía que nos oprime y redimir a la patria de las dictaduras que se nos imponen, los cuales quedan determinados en el siguiente plan:

"1o. Teniendo en consideración que el pueblo mexicano acaudillado por don Francisco I. Madero, fue a derramar su sangre para reconquistar libertades y reivindicar sus derechos conculcados y no para que un hombre se adueñara del poder, violando los sagrados principios que juró defender bajo el lema "Sufragio Efectivo y No Reelección", ultrajando así la fe, la causa, la justicia y las libertades del pueblo; teniendo en consideración que ese hombre a que nos referimos es don Francisco I. Madero, el mismo que inició la precitada revolución, el que impuso por norma gubernativa su voluntad e influencia al Gobierno Provisional del ex Presidente de la República licenciado Francisco de la Barra, causando con este hecho reiterados derramamientos de sangre y multiplicadas desgracias a la patria de una manera solapada y ridícula, no teniendo otras miras que satisfacer sus ambiciones personales, sus desmedidos instintos de tirano y su profundo desacato al cumplimiento de las leyes preexistentes emanadas del inmortal Código del 57 escrito con la sangre revolucionaria de Ayutla;

"Teniendo en cuenta que el llamado Jefe de la Revolución Libertadora de México, don Francisco I. Madero, por falta de entereza y por debilidad suma no llevó a feliz término la revolución que gloriosamente inició con el apoyo de Dios y del pueblo, puesto que dejó en pie la mayoría de los poderes gubernativos y elementos corrompidos de opresión del gobierno dictatorial de Porfirio Díaz, que no son ni pueden ser en manera alguna la representación de la Soberanía Nacional, y que, por ser acérrimos adversarios nuestros y de los principios que defendemos, están provocando el malestar del país y abriendo nuevas heridas al seno de la patria para darle a beber su propia sangre; teniendo también en cuenta que el supradicho señor Francisco I. Madero, actual Presidente de la República, trata de eludir el cumplimiento de las promesas que hizo a la nación en el Plan de San Luis Potosí, siendo las precitadas promesas a los convenios de Ciudad Juárez; ya nulificando, persiguiendo, encarcelando o matando a los elementos revolucionarios que le ayudaron a que ocupara el alto puesto de Presidente de la República, o por medio de falsas promesas y numerosas intrigas a la nación.

"Teniendo en consideración que el tantas veces repetido Francisco I. Madero ha tratado de acallar con la fuerza bruta de las bayonetas y de ahogar en sangre a los pueblos que le piden o exigen el cumplimiento de las promesas de la revolución, llamándolos bandidos y rebeldes, condenándolos a la guerra de exterminio sin conceder ni otorgar ninguna de las garantías que prescriben la razón, la justicia y la ley; teniendo igualmente en consideración que el presidente Madero ha hecho del Sufragio Efectivo una sangrienta burla al pueblo ya imponiendo contra la voluntad de este pueblo en la Vicepresidencia de la República, al licenciado José M. Pino Suárez, o ya a los gobernadores de los estados designados por él, como al llamado general Ambrosio Figueroa, verdugo y tirano del pueblo de Morelos; ya entrando en contubernio escandaloso con el partido científico, hacendados feudales y caciques opresores, enemigos de la revolución proclamada por él a fin de forjar nuevas cadenas y seguir el molde de una nueva dictadura, más oprobiosa y más terrible que la de Porfirio Díaz; pues ha sido claro y patente que ha ultrajado la soberanía de los estados, conculcando las leyes sin ningún respeto a vidas ni intereses, como ha sucedido en el Estado de Morelos y en otros, conduciéndolos a la más horrorosa anarquía que registra la historia contemporánea.

"Por estas consideraciones declaramos al susodicho

Francisco I. Madero, inepto para realizar las promesas de la revolución de que fue autor, por haber traicionado los principios con los cuales burló la voluntad del pueblo y pudo escalar el poder; incapaz para gobernar, por no tener ningún respeto a la ley ni a la justicia de los pueblos, y traidor a la patria por estar a sangre y fuego humillando a los mexicanos que desean libertades, a fin de complacer a los científicos, hacendados y caciques que nos esclavizan; y desde hoy comenzamos a continuar la revolución principiada por él, hasta conseguir el derrocamiento de los poderes dictatoriales que existen.

"2o. Se desconoce como Jefe de la Revolución al señor Francisco I. Madero y como Presidente de la República, por las razones que antes se expresan, procurándose el derrocamiento de este funcionario.

"3o. Se reconoce como Jefe de la Revolución Libertadora al ilustre C. General Pascual Orozco, segundo del Caudillo Don Francisco I. Madero, y en caso de que no acepte este delicado puesto, se reconocerá como Jefe de la Revolución al C. General Don Emiliano Zapata.

"4o. La Junta Revolucionaria del Estado de Morelos manifiesta a la nación bajo formal protesta que hace suyo el Plan de San Luis Potosí con las adiciones que a continuación se expresan en beneficio de los pueblos oprimidos, y se hará defensora de los principios que defiende, hasta vencer o morir.

"5o. La Junta Revolucionaria del Estado de Morelos no admitirá transacciones ni componendas hasta no conseguir el derrocamiento de los elementos dictatoriales de Porfirio Díaz y de Francisco I. Madero, pues la nación está cansada de hombres falsos y traidores que hacen promesas como libertadores y que al llegar al poder se olvidan de ellas y se constituyen en tiranos.

"6o. Como parte adicional del plan que invocamos, hacemos constar: que los terrenos, montes y aguas que hayan usurpado los hacendados, científicos o caciques a la sombra de la tiranía y la justicia venal, entrarán en posesión de los pueblos o ciudadanos que tengan sus títulos correspondientes a esas propiedades, de las cuales han sido despojados por la mala fe de nuestros opresores; manteniendo a todo trance, con las armas en la mano, la mencionada posesión; y los usurpadores que se consideran con derecho a ellas, lo deducirán ante tribunales especiales que se establezcan al triunfo de la revolución.

"7o. En virtud de que la inmensa mayoría de los pueblos y ciudadanos mexicanos no son dueños del terreno que pisan, sufriendo los horrores de la miseria, sin poder mejorar en nada su condición social ni poder dedicarse a la industria o a la agricultura por estar monopolizadas en unas cuantas manos las tierras, montes y aguas; por esta causa se expropiaran, previa indemnización de la tercera parte del valor de esos monopolios, a los poderosos propietarios de ellas a fin de que los pueblos y ciudadanos de México obtengan ejidos, colonias, fundos legales para pueblos o campos de sembradura o de labor y se mejore en todo y para todo la falta de prosperidad y bienestar de los mexicanos.

"8o. Los hacendados, científicos o caciques que se opongan directa o indirectamente al presente plan, se nacionalizarán sus bienes, y las dos terceras partes que a ellos les correspondan se destinarán para indemnizaciones de guerra, pensiones para las viudas y huérfanos de las víctimas que sucumban en la lucha por este plan.

"9o. Para ajustar los procedimientos respecto a los bienes antes mencionados, se aplicarán leyes de desamortización y nacionalización según convenga, pues de norma y ejemplo pueden servir las puestas en vigor por el inmortal Juárez a los bienes eclesiásticos, que escarmentaron a los déspotas y conservadores que en todo tiempo han pretendido imponernos el yugo ignominioso de la opresión y del retroceso.

"10o. Los jefes militares insurgentes de la república que se levantaron con las armas en la mano a la voz de don Francisco I. Madero para defender el Plan de San Luis Potosí, y que se opongan con fuerza armada al presente plan, se juzgarán traidores a la causa que defendieron y a la patria, puesto que en la actualidad muchos de ellos, por complacer a los tiranos, por un puñado de monedas o por cohecho o soborno, están derramando la sangre de sus hermanos que reclaman el cumplimiento de las promesas que hizo a la nación don Francisco I. Madero.

"11o. Los gastos de guerra serán tomados conforme al artículo 11 del Plan de San Luis Potosí, y todos los procedimientos empleados en la revolución que emprendemos serán conforme a las instrucciones mismas que determine el mencionado plan.

"12o. Una vez triunfante la revolución que llevamos a la vía de la realidad, una junta de los principales jefes revolucionarios de los diferentes estados nombrará un presidente interino de la República, que convocará a elecciones para la organización de los poderes federales.

"13o. Los principales jefes revolucionarios de cada estado, en junta, designarán al gobernador del estado a que correspondan y este elevado funcionario convocará a elecciones para la debida organización de los poderes públicos con el objeto de evitar consignas forzosas que labran la desdicha de los pueblos, como la tan conocida consigna de Ambrosio Figueroa en el Estado de Morelos y las de otros que nos condenan al precipicio de conflictos sangrientos, sostenidos por el capricho del dictador Madero y el círculo de científicos y hacendados que lo han sugestionado.

"14o. Si el presidente Madero y demás elementos

dictatoriales del actual y del antiguo régimen desean evitar las inmensas desgracias que aflijen a la patria y poseen verdaderos sentimientos de amor hacia ella, que hagan inmediata renuncia de los puestos que ocupan y con ello en algo restañarán las graves heridas que han abierto al seno de la patria, pues, de no hacerlo así, sobre sus cabezas caerán la sangre y el anatema de nuestros hermanos.

"15o. Mexicanos: considerad que la astucia y mala fe de un hombre está derramando sangre de una manera escandalosa por ser incapaz de gobernar; considerad que su sistema de gobierno está agarrotando a la patria y hollando con la fuerza bruta de las bayonetas nuestras instituciones; y así como nuestras armas las levantamos para elevarlo al poder, las volvemos contra él por faltas a sus compromisos con el pueblo mexicano y haber traicionado la revolución iniciada por él; no somos personalistas, ¡somos partidarios de los principios y no de los hombres!

"Pueblo mexicano, apoyad con la armas en la mano este plan y haréis la prosperidad y bienestar de la patria".

"Libertad, Justicia y Ley.

Ayala, noviembre 25 de 1911.

Hay quienes afirman que la paternidad del Plan de Ayala no corresponde a Emiliano Zapata sino a Otilio Montaño o a algún otro. La suposición peca de ligereza y resulta sin duda equivocada pues si la redacción (lo único censurable del plan) es evidentemente del profesor Montaño, las ideas contenidas en el documento no tienen relación con las concepciones de ninguno de los letrados que se adhirieron al zapatismo. Son en cambio las mismas que Emiliano sostuvo a lo largo de toda su trayectoria revolucionaria y por las cuales luchó sin descanso y ofrendó su vida.

Sencillo y directo, el Plan de Ayala no se extravía en eruditas argumentaciones jurídicas y en él está de cuerpo entero Emiliano Zapata, con su razonada aversión a Madero y con los viejos anhelos de reivindicación agraria aprendidos de su comunidad campesina; con los criterios y decisiones que lo convierten en el más importante dirigente del movimiento revolucionario mexicano.

MADERO CONTRA ZAPATA

Las tropas federales al mando del general Arnoldo Casso López y las considerables fuerzas rurales del estado de Morelos, recibieron la consigna de combatir a Zapata y a los zapatistas hasta exterminarlo. No obstante, la Revolución del Sur se extendió durante todo diciembre de 1911, y para mediados de enero de 1912 se había propagado al resto de Morelos, así como a Puebla, Tlaxcala, el estado de México, Michoacán, Guerrero y Oaxaca, donde la divulgación del Plan de Ayala entusiasmó a los campesinos y los hizo tomar las armas bajo la bandera redentora del zapatismo.

Sobresaltado por el impulso que en su estado natal tomó el movimiento encabezado por Zapata, Ambrosio Figueroa solicitó y obtuvo su renuncia a la gubernatura de Morelos con el fin de trasladarse a Guerrero para tratar de sofocar los levantamientos allí ocurridos. El 17 de enero de 1912 abandonó el cargo.

Dos días después, el gobierno maderista decretó el estado de sitio en Morelos, Guerrero, Tlaxcala y trece distritos de Puebla y el estado de México y el 26 de enero un poderoso ataque federal contra los efectivos zapatistas situados en las cercanías de Cuernavaca pero las huestes del general Genovevo de la O contraatacaron y obligaron a los gobiernistas a replegarse a la capital del estado.

Francisco Naranjo, ameritado revolucionario norteño, fue designado gobernador interino de Morelos cuando Figueroa renunció. Hijo del héroe liberal del mismo nombre y político honesto y profundamente identificado con las causas del pueblo, tan pronto asumió la gubernatura, Naranjo manifestó que velaría por el bienestar de los morelenses esforzándose por impartirles justicia. Incluso invitó a un amigo suyo, el militante anarquista Antonio Díaz Soto y Gama, a que colaborase con él en la secretaría de Gobierno. Soto y Gama rehusó el ofrecimiento, expresando su determinación de no trabajar para un gobierno que, como el maderista, había cometido el gravísimo error de confundir un hondo problema social con el bandidaje y declaró su viva fe zapatista.

Cada día más popular entre las masas y apoyado por ellas, Zapata intensificó sus acciones de guerra. El 6 de febrero lanzó una enérgica acometida contra Cuernavaca y en esos mismos días atacó estaciones y destruyó vías ferroviarias, hostigó a las guarniciones federales y realizó una serie de maniobras que empezaron a desestabilizar al ejército del gobierno.

Incapaces de contener la embestida zapatista, los federales evacuaron el pueblo de Santa María, pero antes de abandonarlo le prendieron fuego. En el incendio pereció una de las hijas de Emiliano. Con estas acciones terroristas el gobierno intentaba inútilmente desmoralizar al zapatismo.

Madero resolvió nombrar comandante militar del estado de Morelos al general de brigada Juvencio Robles, un tipo afamado por su ferocidad y su dureza, quien el 3 de febrero, antes de partir a ocupar el puesto, declaró a los periodistas de la capital del país:

"Todo Morelos es zapatista y no hay un solo habitante en ese estado que no crea en las falsas doctrinas del bandolero Emiliano Zapata pero en un lapso de tiempo relativamente corto reduciré a esa falange de bandoleros".

Apenas llegado a Morelos, Robles comenzó a actuar con extremo rigor. El 10 de febrero arrestó a la suegra, a una hermana y a otros familiares de Zapata y los confinó en Cuernavaca en calidad de rehenes. En una verdadera orgía de crueldad quemó y arrasó pueblos enteros, fusiló sumariamente a cuanto sospechoso encontró y torturó o asesinó a incontables presos políticos. Ordenó a sus tropas sacar de sus lugares de origen a las poblaciones íntegras de determinados pueblos, para recluirlas en campos de concentración.

Un reportero del diario *El País*, quien fue testigo de la forma en que los habitantes del pueblecito de Nexpa —ciento treinta y seis personas, de las cuales la mayoría eran mujeres y niños— fueron arrojados de allí, relató en su periódico el inmenso desconsuelo de aquella pobre gente cuando los soldados federales se dedicaron a incendiar sus humildes casas:

"Los vecinos lloraban, rogando que no les destruyeran el pueblo que les había visto nacer pero, insensibles a sus súplicas, los soldados rociaron las casitas con gasolina y les prendieron fuego. En medio del espanto y la consternación de los pobladores de Nexpa, las llamas hicieron su tarea y una densa y negra columna de humo, arrastrándose por los flancos de la serranía, anunció a los zapatistas en ella ocultos que sus familiares o parientes ya no tenían hogar."

Los habitantes de Nexpa fueron llevados por los federales a Jojutla donde los encerraron bajo vigilancia armada en unos corrales levantados ex profeso por el ejército, donde padecieron hambres y humillaciones sin cuento.

La propia ciudad de Jojutla e innumerables poblaciones más, entre ellas San Rafael, Elotes, Los Hornos y Ticumán, resintieron la devastación ordenada por Juvencio Robles, cuyo nombre se convirtió en sinónimo de una maldición en el martirizado Morelos.

Tan implacable era el comandante militar del estado, que con sólo escuchar el rumor de que los zapatistas recibían provisiones de los arrieros que cruzaban Ocotepec y Coajomulco dispuso quemar también esos pueblos.

Pero lo único que Robles consiguió fue incrementar el odio de los morelenses hacia las tropas federales y hacia el gobierno que las había enviado y que se acrecentara la adhesión al zapatismo, que continuaba activo en todo el estado y devolvía golpe por golpe a las fuerzas gobiernistas.

Un corrido que se hizo muy popular y que daba cuenta de las iniquidades cometidas por el comandante militar de Morelos empezaba de este modo:

> Dios te perdone, Juvencio Robles,
> tanta barbarie, tanta maldad,
> tanta ignominia, tantos horrores
> que has cometido en nuestra entidad.

Los pueblos en masa solían ayudar a los zapatistas. Por ejemplo, en febrero de 1912 las avanzadas federales avistaron una columna al mando de Emiliano a la que la tropa gobiernista determinó atacar al día siguiente. Esa noche, manos sigilosas pusieron un cerco de fuego al campamento federal; las llamas dispersaron a los caballos y desorganizaron la operación que se tenía preparada. Fueron los campesinos de un pueblo cercano quienes prendieron fuego a los pastizales que rodeaban al campamento. Los soldados federales salieron en su busca pero no encontraron a nadie, pues después de que incendiaron los pastos, los campesinos se unieron a la columna zapatista y sus familiares abandonaron el pueblo. En todas partes y en todo tiempo, desde los niños hasta los ancianos procuraban auxiliar de alguna manera a los guerrilleros.

Los zapatistas no acostumbraban ocupar las poblaciones. Tomaban pueblos y ciudades y a los pocos días, a veces a las pocas horas, se retiraban. Ejercitando una táctica clásicamente guerillera, en grupos de trescientos a quinientos hombres, hostigaban sin descanso a los destacamentos federales para después replegarse sin presentar combate formal; tendían emboscadas y controlaban el tráfico ferroviario, o lo impedían por completo levantando las vías y volando los trenes.

Entre marzo y abril de 1912, Zapata lanzó una fuerte ofensiva contra las tropas de Robles. Sus hombres incursionaron por pueblos y ciudades y llevaron a cabo frecuentes emboscadas que les permitieron atrapar a numerosos oficiales del ejército gobiernista y del cuerpo de rurales a los que fusilaron en castigo a sus actos de terrorismo cometidos en contra de los campesinos. Incapaces de frenar las acciones de los rebeldes, los efectivos federales optaron por refugiarse en las ciudades grandes del estado. Pese a sufrir una gran penuria de armas y municiones, Emiliano tomó Jonatepec, Tepoztlán, Tlaltizapán y Jojutla desocupándolos poco después. En Jojutla, la población se unió a los zapatistas rebelándose contra la guarnición federal.

El 19 de mayo terminó el estado de sitio y se restablecieron las garantías constitucionales en Morelos. Hubo esperanzas de paz cuando a mediados de junio fue removido a Puebla el funesto general Juvencio Robles.

Algunos comisionados se entrevistaron con Zapata en busca de una solución al conflicto pero Emiliano les contestó:

"No señores, olvídense de sus propósitos, la revolución de Morelos no es una revolución local y no entraré en convenios de paz sino hasta el derrocamiento de Madero".

El 6 de agosto, el gobierno decretó nuevamente la ley marcial en Morelos. Por fortuna, el comandante militar que sustituyó a Juvencio Robles era un hombre civilizado y honesto, se trataba del general Felipe Ángeles quien se propuso evitar los excesos de las tropas federales contra la población campesina. Ángeles reprobó la crueldad de Robles y reconoció la justa razón de la rebeldía zapatista. Su actitud humanitaria le conquistó la simpatía del pueblo morelense.

Patricio Leyva tomó posesión de la gubernatura de Morelos en diciembre de 1912, manifestando su simpatía por la restitución de las tierras a los campesinos con el beneplácito de éstos.

A medida que el movimiento zapatista se extendía, los campesinos les tomaban a las haciendas los terrenos que legalmente pertenecían a los pueblos, en ocasiones levantando un acta y en otras por simple acuerdo de la comunidad campesina respectiva. Se dedicaban a cultivar esos campos, dispuestos a defender su posesión con los fusiles y los machetes. Además, el zapatismo exigió a los propietarios o administradores de las haciendas de las zonas que dominaba, el pago de un salario mínimo a los peones.

En enero de 1913 la pugna de Emiliano Zapata con el gobierno maderista continuaba. Poco habría de durar esa fase de su larga lucha pues la usurpación huertista y el asesinato de Francisco I. Madero estaban cercanos.

ZAPATA CONTRA EL HUERTISMO

La sublevación contra el régimen de Madero conocida como la Decena Trágica comenzó en la ciudad de México en la madrugada del 9 de febrero de 1913. Trescientos cadetes de la Escuela Militar de Aspirantes de Tlalpan, guiados por el general Manuel Velázquez, se posesionaron del Palacio Nacional, recuperado poco después por tropas al mando del comandante militar de la plaza general Lauro del Villar. Por su parte, los regimientos de Tacubaya a las órdenes de los generales Manuel Mondragón y Gregorio Ruiz, liberaron de sus respectivas prisiones a Félix Díaz y Bernardo Reyes y con ellos marcharon al Palacio que suponían en poder de los aspirantes.

Del Villar dispuso una doble fila de tiradores protegiendo la fachada del Palacio. Poco después, a caballo y seguido por sus partidarios, el general Reyes pretendió avanzar hacia el edificio y fue acribillado por ráfagas de ametralladora. Desconcertados, Félix Díaz y Mondragón optaron por dirigirse a atacar la Ciudadela, en aquella época importante depósito de armas y municiones, de la que lograron apoderarse al mediodía.

Cuando muy de mañana Madero recibió en el Castillo de Chapultepec las noticias del cuartelazo salió hacia Palacio Nacional escoltado por los cadetes del Colegio Militar. El pueblo se sumó a su comitiva aclamándolo. Cuando llegó frente al inconcluso Teatro Nacional (hoy en día Palacio de Bellas Artes) se produjo una balacera que hizo que tuvieran que protegerse en la fotografía Daguerre. Allí fue informado de que el defensor del Palacio, Lauro del Villar, se encontraba herido. Para sustituirlo, el presidente cometió el error de nombrar comandante militar de la plaza a Victoriano Huerta. Esa misma tarde, Madero viajó a Cuernavaca en busca de Felipe Ángeles y su brigada con los que regresó al día siguiente.

Puesto de acuerdo con los sublevados, Huerta no sólo se abstuvo de tomar contra ellos medidas efectivas sino que mandó al matadero —prácticamente atadas de manos— a las tropas leales al gobierno. Mientras tanto, desde el interior de la Ciudadela se lanzaban andanadas de proyectiles en todas direcciones que aterrorizaban a los habitantes de la ciudad, segaban vidas inocentes y causaban destrozos en las casas.

El martes 18 a la una de la tarde, previa una sangrienta refriega, un piquete del 29 Batallón hizo prisioneros en el Palacio Nacional a Madero y Pino Suárez. Esa noche, Victoriano Huerta, Félix Díaz y los demás jefes de la sublevación se reunieron en la embajada de los Estados Unidos, donde en convivencia con el embajador norteamericano celebraron el Plan de la Ciudadela, mejor conocido como Pacto de la Embajada. Pocas horas después, empezaron las venganzas atroces contra los allegados al presidente. Gustavo Madero fue salvajemente destrozado por una turba enloquecida por el odio y Adolfo Bassó, ex-intendente del Palacio, fue pasado por las armas.

En la mañana del 19 de febrero; el general Huerta envió este mensaje a todos los gobernadores del país:

"Autorizado por el Senado he asumido el poder ejecutivo estando presos el presidente y su gabinete."

Huerta le ordenó entonces al general Juvencio Robles —el mismo que se hiciera tristemente célebre por las brutalidades cometidas en Morelos con los campesinos— que se entrevistara con Madero y Pino Suárez para exigirles sus renuncias mismas que éstos le entregaron a cambio de la promesa de que se respetarían sus vidas y se les permitiría salir del país.

La Cámara de Diputados aceptó las renuncias del presidente y el vicepresidente y Pedro Lascuráin, secretario de Relaciones, asumió en forma interina la presidencia en la cual solamente duró cuarenta y cinco minutos, los suficientes para nombrar secretario de Gobernación a Victoriano Huerta y renunciar en seguida, con lo que el usurpador quedó investido con los poderes presidenciales.

Madero y Pino Suárez aún permanecían prisioneros en la intendencia del Palacio Nacional cuando el sábado 22 a las diez de la noche, hora en que se disponían a dormir, irrumpieron en la habitación el coronel Joaquín Chicarro y el mayor de rurales Francisco Cárdenas.

—Señores, levántense.

Madero preguntó sorprendido:

—¿A dónde vamos?

—Lo llevamos a la penitenciaría —contestó Cárdenas.

A la puerta del Palacio aguardaban dos automóviles negros. En el primero de ellos fue introducido Madero, acomodándose a su lado Cárdenas, mientras en la parte delantera se sentaban dos rurales. Pino Suárez subió al otro vehículo, custodiado por el capitán Agustín Figueras, el oficial de rurales Rafael Pimienta y dos rurales más.

Los autos partieron rumbo a la penitenciaría y al pasar por un costado del penal se fingió un asalto, en el que supuestamente un grupo maderista intentaba liberar a los prisioneros. Los vehículos se detuvieron y Francisco Cárdenas le ordenó a Madero:

—Baje usted.

Y acompañó sus palabras con un empellón.

Apenas Madero puso pie en tierra, el mayor sacó su pistola y le dio un tiro en la nuca ocasionando su muerte instantánea.

Pino Suárez fue obligado a bajar del otro automóvil por Rafael Pimienta quien le disparó un balazo. Herido, Pino Suárez logró correr mientras gritaba:

—¡Socorro, me asesinan!

Al escuchar el grito, el mayor Cárdenas se volvió hacia donde Pino Suárez escapaba y le dio un certero balazo en la cabeza. Pino Suárez cayó al suelo aún con vida y Cárdenas ordenó a sus acompañantes que hicieran una descarga sobre el cuerpo yacente; luego él mismo le dio el tiro de gracia.

Sustentado en el crimen, se iniciaba el gobierno espurio de Victoriano Huerta.

De los gobernadores de los estados el único que no aceptó al régimen huertista fue Venustiano Carranza, gobernador de Coahuila, quien con el apoyo de la legislatura local desconoció al usurpador y procedió a armar fuerzas para defender el orden constitucional.

En Morelos, no obstante que las autoridades aceptaron al gobierno espurio, las opiniones de los influyentes hacendados se dividieron, pues mientras unos consideraban que debía someterse a los zapatistas por la fuerza, los otros pretendían que se negociara con ellos. Por lo pronto, Victoriano Huerta juzgó conveniente atraerse a los revolucionarios surianos y envió agentes para que trataran de ganarse a los jefes del movimiento mediante ventajosas proposiciones.

Desafortunadamente, algunos jefes zapatistas menores acabaron por dar oídos a las propuestas huertistas pero Emiliano, Eufemio, Genovevo de la O y los demás jefes principales rechazaron con firmeza entrar en arreglos con el huertismo declarando su decisión de combatirlo sin tregua.

En el norte de la República, enviados huertistas y felicistas convencieron a Pascual Orozco —quien se hallaba en rebeldía desde marzo de 1912— de que se uniera al nuevo régimen. Orozco se trasladó a la capital del país para ponerse a las órdenes de Huerta y con el fin de empezar a cumplir con el usurpador resolvió enviar a su padre, el coronel Pascual Orozco, a entrevistarse con Emiliano Zapata para inducirlo a aliarse a Huerta. El coronel Orozco, en compañía de dos enviados más, llegó el 21 de marzo de 1913 al campamento que el Caudillo del Sur tenía en Acamilpa.

Allí tuvieron lugar varias conversaciones, pero en todas ellas Zapata se negó a entrar en componendas con Huerta y a final de cuentas les dijo a los emisarios:

—Sépanse señores, para que no se cansen más con sus ofrecimientos, que la revolución no está en arreglos con nadie absolutamente, pues se asesinó a Madero en las sombras de la noche y a la luz del día se pretende asesinar a la revolución.

Al comprobar Emiliano que los representantes huertistas intentaban alargar las conversaciones con la intensión de dar tiempo al ejército federal de que cayera sobre Acamilpa, decidió aprehenderlos y someterlos a consejo de guerra. Hallados culpables, fueron entregados a los jefes zapatistas Próculo Capistrán y Loreto Almanza, quienes en abril de ese año los fusilaron en un pueblo del estado de México.

De esa manera, el viejo coronel Pascual Orozco pagó con la vida el haberse prestado a ser un instrumento de traición en las manos codiciosas e inmorales de su hijo.

Encolerizado por la negativa de Zapata a unírsele, Victoriano Huerta decretó en abril de 1913 la ley marcial en Morelos y designó gobernador y jefe militar en ese estado al aciago general Juvencio Robles del que tan negra memoria guardaban los campesinos morelenses.

El 12 de abril la legislatura local nombró gobernador interino de Morelos al diputado Benito Tajonar. Dos días más tarde Juvencio Robles llegó poderosamente armado a Cuernavaca. Al día siguiente, cuando el Congreso del Estado abrió su segundo periodo ordinario de sesiones Tajonar se presentó a rendir su protesta, Robles presionó con prepotencia para que le fuera asignada la gubernatura conforme a las órdenes de Huerta. La legislatura, integrada por once diputados, apoyó al mandatario legítimo quien el día 16 compareció ante la asamblea y dijo que no permitiría que la Constitución fuera violada. Advertidos los diputados del riesgo que corrían, decidieron trasladar el gobierno a las montañas pero en la madrugada del día 17 fueron detenidos junto con el gobernador y enviados a la ciudad de México. Robles anunció haber sofocado una revuelta y en virtud de la desaparición de los poderes legislativo y ejecutivo en Morelos, quedó en el puesto de gobernador de acuerdo a los deseos de Victoriano Huerta.

Dos días después de que Juvencio Robles asumió el poder, Zapata lanzó un enérgico ataque sobre Jonatepec. Después de treinta y seis horas de combate la población quedó en manos de los revolucionarios que obtuvieron un botín de más de trescientos rifles, más de trescientos caballos con sus sillas y dos ametralladoras con abundantes municiones. El jefe de la guarnición federal de Jonacatepec, el veterano militar Higinio Aguilar, al serle perdonada la vida por Emiliano, se unió allí mismo al zapatismo.

Las acciones rebeldes continuaron. Los zapatistas pusieron sitio a Cuautla el 23 de abril y a principios de mayo volaron un tren militar federal causando la muerte de más de cien soldados; el 5 de ese mismo mes lanzaron constantes ataques contra Cuernavaca.

A reforzar a Juvencio Robles llegaron a Morelos el general Alberto Rasgado y el coronel Luis Cartón, tan crueles y despiadados como el propio Robles. Auxiliado por ellos, el gobernador y jefe militar del estado dispuso en mayo que todos los habitantes de los pueblos y rancherías fueran concentrados en las cabeceras distritales. Las poblaciones sospechosas de apoyar a los zapatistas fueron quemadas o arrasadas y a toda persona sorprendida en el campo sin un salvoconducto se la pasó por las armas. Además, Huerta ordenó una enorme cantidad de levas entre los campesinos concentrados en las cabeceras de distrito. Enviados en vagones de ganado a la capital del país, de allí se les mandó al norte de la República como carne de cañón. En los batallones de esa manera formados figuraban niños de diez a doce años.

Entretanto el zapatismo se extendía. En el estado de Guerrero se sumaron a él las guerrillas de Encarnación Díaz, Julio Astudillo, Jesús Salgado y Heliodoro Castillo; en Michoacán las de Trinidad Regalado y Eutimio Figueroa; en el estado de México las de Everardo González y Julián Castillo; y en Tlaxcala las de Domingo Arenas y Honorato Teutle.

Las circunstancias demandaban algunas reformas al Plan de Ayala y Emiliano Zapata las llevó a cabo el 30 de mayo de 1913. Estas Reformas fueron las siguientes:

"Artículo 1o. Son aplicables, en lo conducente, los

conceptos contenidos en este artículo al usurpador del poder público, general Victoriano Huerta, cuya presencia en la Presidencia de la República acentúa cada día más y más su carácter contrastable con todo lo que significa la ley, la justicia, al derecho y la moral, hasta el grado de reputársele mucho peor que Madero; y en consecuencia, la revolución continuará hasta obtener el derrocamiento del pseudo mandatario por exigirlo la conveniencia pública nacional de entero acuerdo con los principios consagrados en este Plan; principios que la misma revolución está dispuesta a sostener con la misma entereza y magnanimidad con que lo a hecho hasta la fecha, basada en la confianza que le inspira la voluntad suprema nacional.

"Artículo 3o. Se declara indigno al general Pascual Orozco del honor que se le había conferido por los elementos de la revolución del Sur y del Centro en el artículo de referencia; puesto que por sus inteligencias y componendas en el ilícito y nefasto pseudo gobierno de Huerta, ha decaído de la estimación de sus conciudadanos hasta el grado de quedar en condiciones de un cero social, esto es, sin significación alguna aceptable y como traidor que es a los principios juramentados.

"Queda, en consecuencia, reconocido como jefe de la revolución y de los principios condensados en este Plan, el caudillo del Ejército Libertador Centro-Suriano, general Emiliano Zapata."

Ante la pujanza incontenible que tomaba el zapatismo, Juvencio Robles les ordenó a Rasgado y Cartón incendiar Yecapixtla, Tepalcingo, Villa de Ayala y Xochitepec. Entre tanto, los hacendados solicitaban al gobierno de Victoriano Huerta la importación de treinta mil japoneses para sustituir a los peones asesinados, llevados por la leva o huidos a unirse con Zapata, pero no fueron atendidos.

En su afán de aplastar a los rebeldes, el 19 de agosto las tropas federales con un gran despliegue de fuerza atacaron y ocuparon Huautla, donde Zapata había establecido de manera provisional su campamento. Pero la caída de Huautla, proclamada como un gran triunfo por las tropas gobiernistas, no perjudicó mayormente a Emiliano quien simplemente replegó a sus hombres hacia el sur. En venganza por no haber logrado destruir a Zapata, Rasgado y Cartón se dedicaron a quemar los pueblos y rancherías cercanos a Huautla. Robles le cablegrafió a Huerta:

"Han sido destruidas por completo las hordas zapatistas y, propiamente hablando, la campaña de Morelos ha concluido."

Huerta se entusiasmó con el mendaz informe y ascendió a Juvencio Robles a divisionario y al coronel Cartón a general. Pero descubierto pronto el engaño, Robles fue destituido de sus cargos de gobernador y jefe militar y el 2 de octubre lo sustituyó el general Adolfo Jiménez Castro quien convirtió a sus oficiales en jefes de policía de las poblaciones, cargos en los que se dedicaron al más desenfrenado latrocinio.

En ese mismo mes de octubre de 1913, el gobierno de la usurpación enfrentó una grave crisis. Torreón se rindió a Pancho Villa y en la ciudad de México el senador maderista Belisario Domínguez fue asesinado por su decisión de denunciar el fraude y los crímenes de Victoriano Huerta. Los diputados elevaron su protesta por el homicidio y Huerta disolvió el Congreso, ordenó la detención de ciento diez diputados y se otorgó facultades dictatoriales. Con ello destruía toda posibilidad de que los Estados Unidos reconocieran a su régimen, como era su deseo.

Durante los meses finales de 1913, la urgencia de enviar más tropas a combatir a los revolucionarios norteños hizo que el gobierno espurio desatendiera en buena medida sus operaciones contra el zapatismo, que continuaba en auge. En enero de 1914, el rebelde Julián Blanco, que operaba en la Costa Chica de Guerrero, se adhirió al Plan de Ayala y Emiliano, reforzadas sus tropas con los nuevos elementos, puso sitio a Chilpancingo en marzo de ese año. El día 23 la plaza se rindió. Luis Cartón, recientemente ascendido a general, fue quien tuvo a su cargo la defensa de la ciudad y ante la derrota escapó rumbo a Acapulco con más de seiscientos soldados y unos cuarenta oficiales. Sin embargo, los fugitivos fueron interceptados y aprehendidos por un destacamento zapatista y con verdadera satisfacción Emiliano ordenó fusilar en la plaza pública de Chilpancingo, el 6 de abril, al funesto Luis Cartón que tantos daños ocasionara a los campesinos de Morelos. Dos días después, los zapatistas tomaban Iguala y en la misma semana se apoderaron de Taxco y de Buena Vista de Cuéllar.

Emiliano regresó a Morelos para desde allí dirigir la campaña. A pesar de sus muchas ocupaciones y responsabilidades, Zapata se daba tiempo para los quehaceres y deleites del amor. Admirado hasta el delirio por las mujeres, sabía hablarles bonito y convencer a las que eran jóvenes y de su gusto y tenía mucho éxito con ellas. A varias se las llevó y les puso casa y con varias tuvo hijos.

Resulta revelador el testimonio de Gregoria Zúñiga, una de las muchas mujeres que en su juventud tuvieron amores con Zapata:

"Éramos gemelas. Las dos éramos Luces por el día en que nos bautizaron y las dos Gregorias por el día en que nacimos. A ella le decían Luz y a mí Gregoria y estábamos las dos señoritas en la casa cuando el zapatismo llegó. Fue entonces cuando el jefe Zapata empezó a convencer a mi hermana para que se fuera con él:

"—Mira, vente.

"Y un mero 15 de septiembre pasó por ella y se la llevó.

"Ya después, en este andar de la vida murió mi hermana en Huautla, de un mal que le nombran ¿cómo le nombran? San Vito, mal de San Vito. Tres días y tres noches estuvo allí el jefe Zapata sin comer ni beber nada.

"Estábamos acabando de arder las ceras al cadáver de mi hermana cuando llega don Emiliano y, ay, que me lleva a la fuerza. Dijo que yo le pertenecía porque éramos una mi hermana y yo. Ni modo, me fui con él, tantito porque no me quedaba otro remedio y tantito porque me gustaba harto el jefe Zapata."

A todo esto, el 9 de abril de 1914 unos marineros y un oficial del buque norteamericano Dolphin llegaron en una lancha hasta un almacén del puerto de Tampico con el objeto de proveerse de gasolina. El jefe de la guarnición huertista ordenó detenerlos. El gobierno de los Estados Unidos pidió una satisfacción y, al no obtenerla, mandó fuerzas de desembarco al puerto de Veracruz. El ejército federal evacuó la plaza, pero el día 21 los cadetes de la Escuela Naval y el pueblo jarocho libraron una heroica batalla contra los invasores. Quiso Huerta capitalizar en su favor el episodio convocando a los revolucionarios a que se le unieran en la defensa nacional. Lejos de atender el llamado del usurpador, los zapatistas siguieron combatiéndolo y Zapata dijo que si los norteamericanos invadían el país lo defendería, pero no al lado de Huerta sino como jefe de la Revolución de Ayala.

Únicamente quedaban en el estado de Morelos dos guarniciones huertistas: la de Jojutla y la de Cuernavaca. A principios de mayo, las huestes zapatistas liquidaron a la primera de ellas en una serie de fulgurantes ataques. Al final, la mayoría de los soldados federales allí apostados se pasaron al zapatismo con sus armas y municiones. Menos de noventa de ellos huyeron muy maltrechos a Cuernavaca.

A finales de mayo, Zapata puso un estrecho cerco a la capital del estado mientras varias partidas zapatistas merodeaban por las afueras del Distrito Federal. En junio, los zapatistas penetraron hasta Milpa Alta.

El 3 de julio de 1914 renunció Victoriano Huerta y el huertismo, que jamás logró vencer a Emiliano Zapata, se desplomó estrepitosamente.

RECHAZO A CARRANZA

Al triunfo revolucionario que significó la caída de Victoriano Huerta, no pocos mexicanos creyeron que el siguiente paso sería la pacificación del país. Sin embargo, no tardaron en surgir conflictos entre Carranza y los dos jefes más señalados del movimiento armado, es decir, Pancho Villa y Emiliano Zapata.

Pancho Villa había ya tenido serias dificultades con don Venustiano cuando éste no quiso permitirle el avance sobre Zacatecas y Villa atacó y tomó sin su autorización esa importante plaza, acelerando con ello el desplome huertista. Temeroso Carranza de que la División del Norte continuara su marcha arrolladora hasta la ciudad de México, le cortó el suministro de municiones y el de carbón para sus trenes. Limadas superficialmente las asperezas en virtud del Pacto de Torreón, celebrado el 8 de julio de 1914, Villa permanecía receloso y preparándose, mediante reclutamientos que incrementaran el número de sus tropas y la adquisición de armas y pertrechos de guerra, para cuando llegara el momento de combatir a Carranza.

En cuanto a Emiliano Zapata, su inconformidad con Carranza obedeció al hecho de que el Primer Jefe no le aceptó las demandas fundamentales que a su juicio debían cumplirse como consecuencia de la victoria, y que por cierto supo establecer con verdadera anticipación. Es oportuno recordar que el 19 de junio de 1914 convocó a sus principales jefes en el pueblo de San Pablo Oxtotepec, con el fin de hacer algunas enmiendas al Plan de Ayala. Significativamente, las dos principales enmiendas fueron pensadas en función del inminente triunfo revolucionario. Ellas son la primera y la tercera. Examinemos ambas:

"Primera. La revolución rectifica todos y cada uno de los principios consignados en el Plan de Ayala y declara solemnemente que no CESARÁ EN SUS ESFUERZOS HASTA CONSEGUIR QUE AQUELLOS, EN LA PARTE RELATIVA A LA CUESTIÓN AGRARIA, QUEDEN ELEVADOS AL RANGO DE PROSPECTOS CONSTITUCIONALES*

"Tercera. La revolución hace constar que no considerará concluida su obra sino hasta que, derrocada la administración actual y eliminados de toda participación en el poder los servidores del huertismo y las demás personalidades del antiguo régimen, se establezca UN GOBIERNO COMPUESTO POR HOMBRES ADICTOS AL PLAN DE AYALA, QUE LLEVEN DESDE LUEGO A LA PRÁCTICA LAS REFORMAS AGRARIAS así como los demás principios y promesas incluidos en el referido Plan de Ayala, adicionado al de San Luis."

Queda claro que Zapata estaba consciente de la legitimidad de los derechos campesinos y que reclamaba a la Revolución que los gobernantes puestos por ella fueran partidarios decididos de la justicia agraria, a la cual colo-

* Las mayúsculas de este párrafo y del siguiente son del autor de este libro.

caba en primer término, antes de las demás exigencias populares.

Lo cierto fue que, apenas firmados los tratos de Teoloyucan en 13 de agosto de 1914, se procedió al desarme de las tropas huertistas y las guarniciones que hasta entonces habían impedido a los zapatistas la entrada a la capital del país, fueron reemplazadas por destacamentos constitucionalistas, que también le cerraron el paso, provocando el disgusto y la desconfianza de Emiliano Zapata.

El deseo de que se llevara a la práctica en todo el país el Plan de Ayala era obsesivo en Zapata y en los jefes zapatistas que lo rodeaban. El lugarteniente de Emiliano, Genovevo de la O, le envió a Venustiano Carranza, por medio de dos representantes, un mensaje fechado el 25 de agosto en el que le decía:

"Sírvase hacerme el favor de darme a conocer por conducto de quienes le han llevado esta comunicación, su actitud clara y terminante acerca de nuestro gloriosísimo Plan de Ayala, acaudillado por nuestro no menos glorioso general Emiliano Zapata. Si he decidido enviarle a estos dos compañeros, es con el único y firme propósito de saber directamente su actitud para con nosotros y si comulga usted con nuestras ideas y principios..."

Don Venustiano contestó la misiva el 27 de agosto, diciéndole a de la O:

"Ya hablé extensamente con sus enviados acerca del amplio programa de reformas sociales que desarrollará la Revolución Constitucionalista, tendientes todas ellas a mejorar a la brevedad posible las condiciones de nuestro pueblo y procurarle un bienestar positivo."

Agregaba en su carta:

"Ya deben hallarse en Cuernavaca el licenciado Luis Cabrera y el general Antonio I. Villarreal, mis enviados, para hacer del conocimiento del general Zapata y de todos sus jefes, los ideales que perseguimos y que, seguramente, son los del pueblo mexicano que nos ha secundado en la lucha y nos ha traído hasta el triunfo de nuestra causa, con la certeza de que un acuerdo mutuo vendrá a consolidar la paz de nuestra querida patria."

A los enviados de Carranza que llegaron a Cuernavaca, Emiliano —quien deliberadamente se encontraba ausente de la ciudad— les enfrentó un grupo de intelectuales zapatistas entre los cuales sobresalían Manuel Palafox y Antonio Díaz Soto y Gama.

Desde las primeras conversaciones hubo desacuerdos. Los zapatistas se indignaron cuando Antonio I. Villarreal admitió desconocer el Plan de Ayala. Y tenían razón. Lo menos que pudo haber hecho el general Villarreal en el momento en que Carranza lo comisionó para tratar con los revolucionarios del sur, era leer el documento fundamental del zapatismo. A su vez, los emisarios carrancistas se molestaron porque los representantes de Zapata insistieron en que la única base que aceptaban para hacer la paz era la supeditación total del constitucionalismo al Plan de Ayala.

Emiliano llegó a Cuernavaca el sábado 29 de agosto al mediodía e hizo acto de presencia en las pláticas. Conforme a su costumbre, fue muy poco lo que habló y sólo tomó la palabra para decir que apoyaba en todo los puntos de vista zapatistas allí expresados.

A su regreso a la ciudad de México, el general Villarreal se quejó del ambiente hostil que encontró entre los zapatistas. Esa hostilidad tenía un motivo: el arbitrario proceder de los constitucionalistas cuando ocuparon la capital del país, que sin tomar en cuenta a Emiliano Zapata se opusieron a todo intento de avance de las tropas zapatistas.

Luis Cabrera y Antonio I. Villarreal entregaron a Carranza un pliego que contenía las condiciones exigidas por los zapatistas para pactar la paz y que eran las siguientes:

"Primera. Ante todo, deben firmar el Primer Jefe del Ejército Constitucionalista y los generales que de él dependen un acta de sumisión al Plan de Ayala, no sólo en su esencia, sino en todas sus partes.

"Segunda. Deben pactarse un armisticio sobre la base de la entrega de Xochimilco a las fuerzas zapatistas.

"Tercera. El jefe del Ejército Constitucionalista debe retirarse del Poder Ejecutivo de la Nación. O bien, podrá continuar en el Poder Ejecutivo siempre que admita a su lado un representante del general Zapata, con cuyo acuerdo se dictarán las determinaciones trascendentales y se harán los nombramientos para puestos políticos.

"Cuarta. Una vez llenos los requisitos anteriores, podrá el Primer Jefe del Ejército Constitucionalista nombrar a sus delegados, autorizándolos debidamente para discutir y firmar arreglos. Dichas conferencias se celebrarán en el cuartel general de la Revolución de Ayala y tendrán por objeto tratar los procedimientos para llevar a cabo las disposiciones del Plan de Ayala."

Como puede advertirse, las condiciones puestas por Zapata eran desmedidas y francamente inaceptables, fruto del resentimiento y la desconfianza de quien había sido burlado por el gobierno de Madero y tratado despectivamente por los constitucionalistas.

El 5 de septiembre de 1914, Emiliano recibió la negativa de Carranza a sus pretensiones, manifestándole que no podía abdicar a la investidura de Primer Jefe del Ejército Constitucionalista ni desconocer el Plan de Guadalupe para adoptar el Plan de Ayala y terminaba su mensaje de esta manera:

"Si el general Zapata y los jefes que lo siguen pretenden realmente que se lleven a cabo las reformas que exige el bienestar del pueblo suriano tienen el medio para verificarlo, uniendo sus fuerzas a las de esta Primera Jefatura, reconociendo la autoridad de ella y concurriendo a la Convención de Jefes que he convocado para el día primero de octubre del corriente año, precisamente con el objeto de discutir el programa de reforma que el país exige."

Tres días después, Emiliano Zapata promulgó un decreto que ya en su párrafo inicial representaba un abierto desafío a Venustiano Carranza y un rotundo rechazo a su política. Su texto es el siguiente:

"En atención a que los malos mexicanos que apoyaron y sostuvieron a los gobiernos pasados siguen en su labor obstruccionista, oponiéndose con todos los medios a su alcance a la realización de los principios proclamados por la Revolución y contenidos en el Plan de Ayala, retardando el triunfo completo de las reformas agrarias, y de conformidad con las facultades de que me hallo investido, he tenido a bien decretar lo siguiente:

"Artículo 1o. Se nacionalizan los bienes de los enemigos de la Revolución que defiende el Plan de Ayala, que directa o indirectamente se hayan opuestos o sigan oponiéndose a la acción de sus principios, de conformidad con el artículo octavo de dicho plan y el artículo sexto del decreto del 5 de abril de 1914.

"Artículo 2o. Los generales y coroneles del Ejército Libertador, de acuerdo con el Cuartel General de la Revolución, fijarán las cédulas de nacionalización, tanto para las fincas rústicas como para las urbanas.

"Artículo 3o. Las autoridades municipales tomarán nota de los bienes nacionales y después de hacer la declaración pública del acta de nacionalización, darán cuenta detallada al Cuartel General de la Revolución de la clase y condiciones de las propiedades que sean así como de los nombres de sus antiguos dueños o poseedores.

"Artículo 4o. Las propiedades rústicas nacionalizadas pasarán a poder de los pueblos que no tengan tierras que cultivar y carezcan de otros elementos de labranza o se destinarán a la protección de huérfanos y viudas de aquellos que han sucumbido en la lucha que se sostiene por el triunfo de los ideales invocados en el plan de Ayala.

"Artículo 5o. Las propiedades urbanas y demás intereses de esta especie nacionalizados a los enemigos de la revolución agraria se destinarán a la formación de instituciones bancarias dedicadas al fomento de la agricultura, con el fin de evitar que los pequeños agricultores sean sacrificados por los usureros y conseguir por este medio que a toda costa prosperen, así como para pagar pensiones a las viudas y huérfanos de quienes han muerto en la lucha que se sostiene.

"Artículo 6o. Los terrenos, montes y aguas nacionalizados a los enemigos de la causa que se defiende, serán distribuidos en comunidad a los pueblos que los pretenden y en fraccionamiento para los que así lo deseen.

"Artículo 7o. Los terrenos, montes y aguas que se repartan no podrán ser vendidos ni enajenados en ninguna forma, siendo nulos todos los contratos o transacciones que atiendan a enajenar tales bienes.

"Artículo 8o. Los bienes rústicos que se repartan por el sistema de fraccionamiento, sólo podrán cambiar de poseedores por transmisión legítima de padres a hijos, quedando sujetos en cualquier otro caso, a los efectos del artículo anterior.

"Artículo 9o. El presente decreto surtirá sus efectos desde luego.

"Lo que transmito para su publicación, circulación y debido cumplimiento.

"Reforma, Libertad, Justicia y Ley. Dado en el Cuartel General en Cuernavaca, a los ocho días de septiembre de 1914.

"El General en Jefe del Ejército Libertador,

Emiliano Zapata".

El decreto transcrito tuvo efectos inmediatos en la vasta zona dominada por el zapatismo, sobre todo en el estado de Morelos donde los campesinos aplicaron con gran decisión el Plan de Ayala y recuperaron las tierras de las que un día fueran despojados.

El 22 de octubre de 1914 se produjo la ruptura de Villa con Carranza, al que desconoció por medio del telegrama que le envió y de un manifiesto dirigido a la nación. En esos días se entrevistó en Chihuahua con Villa el enviado zapatista Gildardo Magaña. Al tanto de las dificultades entre el Centauro del Norte y Venustiano Carranza, Emiliano —quien desde meses antes estuvo recibiendo las visitas de agentes de Pancho Villa— le interesaba sobremanera el acercamiento con éste.

LOS ZAPATISTAS EN LA CONVENCIÓN Y EN LA CIUDAD DE MEXICO

En la última semana de septiembre de 1914, unos cincuenta jefes militares constitucionalistas se reunieron varias veces para tratar de hallar una solución pacífica a la ruptura de Pancho Villa con Carranza. Esta Comisión Pacificadora acordó, con el consentimiento de don Venustiano, enviar un grupo de generales a entrevistarse con Villa en Zacatecas con la intención de lograr un acuerdo. Dichos generales eran Álvaro Obregón, Andrés Saucedo, Ramón Iturbe, Ernesto Santos Coy y algunos más.

Los pacificadores convencieron a Villa de que suspendiera durante octubre sus conflictos con la Primera Jefatura para dar tiempo a que una nueva convención revolucionaria, en la que se encontrara representada la División del Norte, se congregara a partir del día 10 en la capital del estado de Aguascalientes, territorio considerado neutral por los villistas; con la posibilidad de que la convención celebrada por esas fechas en la capital del país, trasladara sus trabajos a aquella ciudad. Así ocurrió en efecto, y la convención iniciada en la ciudad de México se mudó a Aguascalientes con el fin de reanudar sus sesiones en el Teatro Morelos.

En la sesión del jueves 15 se decidió, a instancias de Felipe Ángeles, mandar una comisión al estado de Morelos para solicitarle a Emiliano Zapata que enviara delegados a la convención. La comitiva fue encabezada por el propio Ángeles, quien en compañía de los generales Calixto Contreras y Rafael Buelna y de los coroneles Guillermo Castillo y Antonio Galván, partió en busca de Emiliano.

Aunque Zapata no conocía personalmente a Felipe Ángeles, tenía un buen concepto de él y lo recibió con especial afecto pues tenía presente la conducta humanitaria que el famoso artillero observó en Morelos cuando fue jefe militar en esa entidad. Tuvo con él muy gratas conversaciones. Además, se sentía complacido de que la convención tomara en cuenta al zapatismo.

Luego de consultarlo con sus jefes, Emiliano resolvió enviar delegados a la Convención de Aguascalientes, los cuales llegaron a esa ciudad el martes 27 de octubre. Los concurrentes se conmovieron al ver entrar al recinto del Teatro Morelos a veintitrés revolucionarios vestidos de la usanza del sur, con pantalones ajustados y enormes sombreros.

Después de que les fue tributada una larga ovación, Paulino Martínez, jefe de la delegación zapatista, subió a la tribuna y pronunció un discurso en el que entre otras cosas dijo:

"Sólo existen dos banderas: la del Plan de Guadalupe, que tiene como principal objeto elevar a un hombre al poder atropellando la autoridad del pueblo y los derechos indiscutibles de otros grupos revolucionarios, y la del Plan de Ayala, sintetizado en tierra y libertad, tierra y justicia, base de la libertad pública y económica del pueblo mexicano".

En otra parte de su discurso, manifestó:

"No sillones presidenciales para los ambiciosos de mando y riqueza; no sinecuras para los que empuñaron las armas con deseo de sustituir al verdugo de ayer, improvisando nuevos caciques con la punta de sus espadas; no privilegios para un determinado grupo social, sino igualdad política y bienestar colectivo para los habitantes de la República; un hogar para cada familia, una torta de pan para cada desheredado de hoy, una luz para cada cerebro en las escuelas-granja que establezca la revolución después del triunfo, y tierras para todos."

Cuando Paulino Martínez terminó sus palabras y cesaron los aplausos que le fueron otorgados, los asambleístas pidieron que hablara Antonio Díaz Soto y Gama quien ocupó la tribuna y dijo:

"Cuando se viene a esta asamblea no se es constitucionalista, ni villista, ni zapatista; se es mexicano... Aquí venimos honradamente. Creo que vale más la palabra de honor que la firma estampada en este estandarte que al final de cuentas no representa más que el triunfo de la reacción clerical encabezada por Iturbide (al pronunciar estas palabras tomó la bandera y la estrujó, mientras mil voces airadas protestaban: ¡No, no, no!). Yo, señores, jamás firmaré sobre esta bandera. Estamos haciendo una gran revolución que va expresamente contra la mentira histórica y hay que exponer la mentira histórica que está en esta bandera. Lo que se llama nuestra Independencia no fue la independencia del indígena, fue la independencia de la raza criolla y de los herederos de la conquista para seguir burlando infamemente al oprimido y al indígena."

Soto y Gama fue interrumpido por el terrible griterío brotado de las gargantas de la mayoría de los convencionistas, encolerizados al advertir que el orador no sólo hablaba despectivamente del emblema patrio sino que lo maltrataba con su mano derecha. Algunos sacaron las pistolas y los zapatistas, ubicados al fondo del escenario, sacaron también las suyas para defender a Soto y Gama, quien con temple admirable logró imponerse a aquella algarabía por medio de grandes acrobacias verbales y prosiguió su discurso haciendo ver la diferencia que existe entre los símbolos y la realidad, manifestando que todos los asambleístas eran patriotas y mexicanos, y que por lo mismo respetaban aquel estandarte. Después protestó por que se pretendía "poner a un hombre por encima de la Revolución", clara alusión a Carranza, y declaró que eran los representantes del sur los que iban a hablar en nombre de la revolución encarnada en el Plan de Ayala, finalizando su alocución con este panegírico:

"Plan de Ayala, emancipación, justicia para los humildes. Por esa bandera, por esos principios, venimos a luchar los hombres del sur."

Al cabo de numerosas aclaraciones y discusiones, el 29 de octubre la asamblea en pleno apoyó e hizo suyo el Plan de Ayala. Ello significó un indudable triunfo de los delegados zapatistas, quienes pese al tormentoso e infortunado discurso inicial de Antonio Díaz Soto y Gama, fueron los que a final de cuentas proporcionaron su contenido ideológico a la convención.

La Convención de Aguascalientes depuso a Carranza como jefe del Ejecutivo y nombró presidente provisional de México a Eulalio Gutiérrez, quien cesó a Pancho Villa en la jefatura de la División del Norte pero lo puso al mando de las tropas convencionistas. Don Venustiano desconoció las resoluciones tomadas por la convención y en respuesta al desafío declaró rebeldes a Gutiérrez y a Villa, optando por trasladar su gobierno al puerto de Veracruz.

En su carácter de presidente provisional, Eulalio Gutiérrez entró a la capital del país el jueves 2 de diciembre de 1914. Tres días más tarde hizo lo mismo el Ejército Convencionista, formado por unos cincuenta mil hombres. Al frente de las tropas marcharon Pancho Villa y Emiliano Zapata.

Sin embargo, desde el 24 de noviembre, día en que el general Lucio Blanco abandonó la ciudad de México con una división de doce mil hombres para acuartelarse en Toluca, empezaron a entrar por el sur de la metrópoli las tropas zapatistas. El general Antonio Barona encabezaba aquellas huestes de surianos ataviados con sombreros de palma de anchas alas, chaquetas con alamares, pantalones ajustados con botonadura de plata o de hueso, pistola al cinto, rifles, cananas y carrilleras. Algunos llevaban también machetes, a los que la luz del día arrancaba destellos.

Un testigo presencial, relató:

"No traían más que dos o tres banderas tricolores de telas de algodón, con sus colores muy desteñidos y sostenidas en astas de carrizo; y un gran estandarte con la imagen de la Virgen de Guadalupe tomado seguramente de algún templo pueblerino. Formaban un conjunto de unos cuatro mil hombres los que por allí entraron, aunque a esa misma hora y por diferentes rumbos de la ciudad lo hicieron también partidas de doscientos a trescientos hombres."

El informante hizo mención del gran estandarte guadalupano que llevaba aquel grupo de zapatistas cuyo acceso a la gran ciudad le tocó presenciar. Es oportuno subrayar aquí el guadalupanismo esencial de Emiliano Zapata y sus hombres, y el hecho pocas veces señalado que la mayoría de las veces pelearon bajo la advocación de la Virgen de Guadalupe, misma que usaron como bandera las turbas descalzas que combatieron por nuestra Independencia.

Con las primeras fuerzas zapatistas que hicieron su entrada a la ciudad de México y se acuartelaron en el Palacio Nacional, llegó Eufemio Zapata, a quien le fue encomendado la custodia del edificio. Por cierto que apenas entró a Palacio, quiso que le fuera entregada la silla presidencial para quemarla, argumentando:

—Es que esa silla está embrujada, cuanto hombre se sienta en ella se vuelve malo.

Si no logró incinerar el fatídico mueble fue porque, advertido de las intenciones de Eufemio, el intendente del Palacio lo escondió y solamente lo sacó de su escondite cuando Eulalio Gutiérrez se apersonó en el lugar.

La anécdota nos muestra que Eufemio Zapata, dentro de su rústica inocencia, se hallaba consciente de ciertos fenómenos políticos nacionales.

El 27 de noviembre llegó Emiliano Zapata a la capital del país. Alejado de todo rasgo espectacular, su arribo fue por completo sencillo. Con un número reducido de correligionarios se apeó de un tren común de pasajeros en la estación de San Lázaro, terminal del ferrocarril de Cuautla, para ir a alojarse en la Escuela de Tiro. Allí lo buscaron más tarde sus generales Barona y Pacheco, quienes con un séquito de oficiales y soldados, lo llevaron al Palacio Nacional donde lo esperaban varios jefes zapatistas entre ellos el general Benjamín Argumedo, el célebre "León de la Laguna", incorporado poco antes al Plan de Ayala.

A una pregunta que le hicieron los periodistas, Emiliano respondió con su parquedad de palabras características:

—Yo y toda mi gente caminamos de acuerdo con el general Villa y reconocemos y sostendremos como presidente provisional al general Eulalio Gutiérrez.

Luego de dormir en la Escuela de Tiro, muy de mañana se regresó a Morelos y el 3 de diciembre volvió a la capital para trasladarse a Xochimilco, en espera de la importante entrevista que en ese lugar tendría al día siguiente con Pancho Villa.

El encuentro de los dos caudillos revolucionarios verdaderamente populares fue hermoso e impresionante. Zapata esperaba a Villa en la escuela primaria del pueblo, engalanada para la ocasión. Pancho llegó montado en uno de sus mejores caballos y acompañado por una pequeña escolta. Al acercarse a la escuela bajó del corcel, caminó hasta donde se encontraba Emiliano, y haciéndole entrega del ramo de flores que le llevaba, le dijo:

—Señor general Zapata, realizo hoy mi sueño de conocer al jefe de la gran Revolución del Sur.

Con una blanca y amplia sonrisa bajo sus grandes bigotes, Zapata le respondió:

—Señor general Villa, realizo yo ese mismo sueño al conocer al jefe de la gloriosa División del Norte.

Villa y Zapata congeniaron desde el primer momento y su identificación se hizo más grande en cuanto hablaron de los robos y abusos de Carranza. Luego conferenciaron a solas y acordaron que en tanto los villistas ocuparían el norte de la ciudad de México, los zapatistas harían lo mismo en el sur de la metrópoli. En seguida, pasaron a disfrutar de la comida con que el hospitalario Xochimilco los festejaba.

Emiliano Zapata, brillantes de contento los ojos negros y abismales, le ofreció a Pancho Villa una copa de licor. Villa era abstemio pero no quiso desdeñar a su nuevo amigo, y le dijo:

—Compañero Zapata, me voy a tomar esta copa sólo por el gusto de acompañarlo, aunque yo no acostumbro beber de ningún licor. Pero hoy lo hago a la salud de usted.

Dicho lo cual, apuró la copa.

El domingo 6 de diciembre de 1914 hicieron su entrada oficial a la ciudad de México las tropas de villistas y zapatistas, que en ordenada formación encabezadas por Pancho y Emiliano, llegaron hasta el Zócalo. Villa vestía su uniforme de general divisionario y Zapata un elegante traje de charro. Los dos montaban finos y briosos caballos, de los que descendieron para penetrar en el Palacio Nacional, desde uno de cuyos balcones presenciaron el desfile en compañía de Eulalio Gutiérrez y su gabinete. Después, pasaron al salón de audiencias, donde Villa se sentó en la silla presidencial, haciendo jocosos comentarios. A su lado Zapata, lejano y taciturno, sostenía en las piernas su enorme sombrero charro. De allí se dirigieron al comedor del Palacio donde se sirvió un banquete de gran gala.

Los zapatistas no provocaron desórdenes en la ciudad de México, antes bien, la patrullaron para evitar desmanes. Los más pobres de ellos tocaban las puertas y pedían con humildad algo de comida. Sin embargo, un desdichado incidente se produjo la noche en que una patrulla zapatista vio pasar un veloz carro de bomberos, sonando la sirena y con sus tripulantes a bordo. Como aquellos hombres jamás habían visto algo parecido, lo creyeron un artefacto de la artillería enemiga y le dispararon varias veces, quitándoles la vida a los heroicos e infortunados tragahumos que se dirigían a apagar un incendio.

No tardaron en surgir serios desacuerdos entre los miembros de la convención. Ante los problemas que tuvo con Villa, Eulalio Gutiérrez intentó mudar su gobierno a algún otro lugar del país, pero el 27 de diciembre fue amagado por Pancho, quien rodeó su domicilio particular y lo amenazó, asegurándole que de ninguna manera le permitiría salir de la ciudad. A pesar de las advertencias, Gutiérrez logró escapar de la capital. Fue sustituido en el cargo de presidente provisional por Roque González Garza, general villista. Por su parte, Antonio I. Villarreal, quien presidiera los trabajos de la Convención de Aguascalientes, huyó hacia Veracruz para ponerse a las órdenes de Carranza.

El 4 de enero de 1915, Álvaro Obregón sitió con sus tropas la ciudad de Puebla, ocupada pacíficamente por los zapatistas el 15 de diciembre anterior. Tras de reñidos combates, los zapatistas decidieron evacuar la ciudad y se marcharon a Morelos.

Ya en febrero de 1915 la principal preocupación de Villa era derrotar a Obregón y la de Obregón vencer a Villa. Esta pugna encarnizada y sangrienta iba a dar un respiro a Emiliano Zapata y al zapatismo.

AUGE Y OCASO DE LA REVOLUCIÓN DEL SUR

A su regreso al estado de Morelos, los zapatistas consagraron sus afanes a la aplicación del Plan de Ayala, beneficiándose de la circunstancia de que el carrancismo, a lo largo de casi todo el año de 1915, destinó sus mayores esfuerzos de guerra a combatir a los villistas en el centro y el norte del país y solamente enfrentó al zapatismo con operaciones de contención.

Álvaro Obregón, el más destacado de los jefes militares constitucionalistas, no quiso exponerse a debilitar su poder peleando en dos frentes. De esta manera, los morelenses gozaron de una relativa tregua que el movimiento zapatista dedicó a su programa de restituir a los campesinos las tierras que, en el transcurso del virreinato y del siglo XIX, les fueron quitadas por encomenderos y latifundistas. Así pues, la Revolución del Sur no había concluido. Por el contrario, se hallaba en su apogeo, sólo que ahora daba más atención a las cuestiones agrarias que el ejercicio de las armas.

La importancia de esa vigorosa acción de justicia

agraria estriba en que representó un retorno a la propiedad comunal de la tierra, con el cual se revitalizó una de las más puras tradiciones campesinas indígenas. Es claro que Emiliano y sus coterráneos pertenecían a una cultura muy antigua, caracterizada por formas de vida más simples, armoniosas y humanas.

Los repartos zapatistas entusiasmaron a cuarenta jóvenes ingenieros agrónomos, que en enero de 1915 se trasladaron a Morelos para formar comisiones agrarias voluntarias y encargarse del deslinde de los terrenos distribuidos.

Marte R. Gómez, uno de los agrónomos que por esa época trabajaron voluntariamente en Morelos, participó en la fijación de los límites entre los pueblos de Anenecuilco y Yautepec, con la presencia del propio Emiliano Zapata. Y en el libro *Las comisiones agrarias del sur,* en el que recogió sus experiencias de entonces, relata cómo cuando llegaron al lugar en que se había convocado a los representantes de los dos pueblos, Emiliano hizo llamar a los viejos, escuchándolos con particular deferencia por respeto a sus canas y a sus antecedentes como luchadores en defensa de las tierras y dirigiéndose luego a los jóvenes ingenieros les dijo:

"Los pueblos dicen que este tecorral (cerca de piedra) es un lindero, así es que por él se me van ustedes a llevar su trazo. Ustedes, los ingenieros, son a veces muy afectos a las líneas rectas, pero el lindero va a ser el tecorral, aunque tengan que trabajar seis meses midiéndole todas sus entradas y salidas."

En la anécdota referida está captada certeramente la manera de ser de Emiliano: respetuoso y atento a las palabras de los hombres viejos de la comunidad e intransigente y escrupuloso al exigir los derechos de los campesinos.

El caso del pueblo de Santa María y la hacienda de

Temixco fue decisivo para que las comisiones de ingenieros agrónomos se ganaran la confianza y el efecto de los campesinos morelenses. En las postrimerías del porfiriato, la hacienda se apropió de las tierras pertenecientes a Santa María. El pueblo decayó y posteriormente, durante los años de la lucha revolucionaria, fue arrasado varias veces por las tropas federales. Gracias a Zapata, las tierras fueron devueltas a los campesinos y repartidas conforme a los planos de los agrónomos y con respeto a los viejos títulos de propiedad. Santa María renació y entró en una etapa de autosuficiencia alimentaria y moderada prosperidad. La buena fama de las comisiones se fue extendiendo y los labriegos decían:

"Estos ingenieritos no son nada catrines, aguantan de día caminando como nosotros y todavía después, siguen dedicados a sus papeles."

Manuel Palafox, general zapatista que ocupó el cargo de secretario de Agricultura en el gobierno convencionista, tuvo un papel de innegable importancia en la aplicación de la reforma agraria en Morelos. Gracias a él se nacionalizaron los ingenios y destilerías en la entidad y Zapata puso a funcionar los ingenios como empresas del Estado.

Por cierto que Emiliano llevó a efecto una campaña de convencimiento para persuadir a los campesinos de que no se limitaran al cultivo de verduras, y sembraran caña para los ingenios, para lo cual se hicieron préstamos o donaciones de dinero y simiente. Zapata le decía a la gente de los pueblos:

"Si ustedes siguen sembrando chiles, cebollas y tomates, nunca saldrán del estado de pobreza en que siempre han vivido; por ello deben, como les aconsejo, sembrar caña."

También por iniciativa de Palafox, un consejo ejecutivo expidió en octubre de 1915, en Cuernavaca, durante un receso de la convención como organismo, una avanzada ley agraria, la cual fue ideada y redactada por el propio Palafox. En su primer considerando manifestaba:

"En el Plan de Ayala se encuentran condensados los anhelos del pueblo levantado en armas, especialmente en lo relativo a las reivindicaciones agrarias, razón íntima y finalidad suprema de la Revolución. En consecuencia, es de precisa urgencia reglamentar debidamente los principios consignados en dicho Plan, en forma tal que puedan llevarse a la práctica como leyes generales de inmediata aplicación."

De raigambre plenamente zapatista, la ley agraria formulada por Palafox establecía en su artículo primero:

"Se restituyen a las comunidades e individuos, los terrenos, montes y aguas de que fueron despojados, bastando que aquéllos posean los títulos legales de fecha anterior al año de 1856 para que entren inmediatamente en posesión de sus propiedades."

Otro artículo positivamente revolucionario de la ley agraria de Palafox era el cuarto, cuyo texto decía:

"La nación reconoce el derecho indiscutible que asiste a todo mexicano para poseer y cultivar una extensión de terreno, cuyos productos le permitan cubrir sus necesidades y las de su familia. En consecuencia, y para el efecto de crear la pequeña propiedad, serán expropiadas por causa de utilidad pública y mediante la correspondiente gratificación, todas las tierras del país, con la sola excepción de las tierras pertenecientes a los pueblos, rancherías y comunidades y de aquellos predios que por no exceder del máximo que fija esta ley, deben permanecer en poder de los actuales propietarios."

La ley agraria de Palafox quedó sin aplicarse, ya que el gobierno convencionista, que era el que debía llevarla a la práctica, desapareció virtualmente en Toluca en el mismo mes de octubre en que la ley fue expedida. Los villistas que formaban parte de dicho gobierno se marcharon al norte y los zapatistas de aquel gabinete se instalaron en Cuernavaca y allí mantuvieron la ficción de un régimen, paralizado en los hechos por su extremada y creciente debilidad.

En 1915 la capital política del zapatismo era el tranquilo pueblecito de Tlaltizapán, donde Emiliano residía. Pasaba muchas horas en sus oficinas, situadas en un viejo molino arrocero, escuchando con gran atención las peticiones de los campesinos; y después de consultar con sus colaboradores, tomaba decisiones e impartía órdenes. Ya en el atardecer, acudía con sus ayudantes a la placita del pueblo y mientras bebía una cerveza conversaba como cualquier otro campesino sobre lluvias, cosechas, caballos y peleas de gallos. Horas después, encendían un puro que fumaba despaciosamente y se dirigía a la casa de alguna de sus mujeres, donde pasaba la noche.

A finales de 1915, vencido Pancho Villa por Obregón, las tropas carrancistas se lanzaron sobre Morelos, mientras el gobierno anunciaba su determinación de acabar definitivamente con el zapatismo. Emiliano trasladó su cuartel general a la hacienda de Atlihuayán, lugar en el que tenía instalada una primitiva fábrica de municiones en la que los cartuchos usados se volvían a cargar con trocitos de cable de tranvía como proyectiles. Se hacía presente, con todo su patetismo, la crónica escasez de armas y parque que aquejó a los zapatistas.

La ofensiva gobiernista se inició en el suroeste de Morelos, con fuerzas que provenían del puerto de Acapulco y que cruzaron todo el estado de Guerrero con el fin de atacar. El general zapatista Genovevo de la O respondió con una violenta contraofensiva en la que persiguió sin tregua a los constitucionalistas, hasta obligarlos a retroceder a Acapulco, adonde regresaron maltrechos y vencidos.

En los últimos días de abril de 1916, treinta mil hombres al mando del general carrancista Pablo González cercaron con una "pinza" el norte del estado; el 2 de mayo lanzaron un poderoso ataque con el apoyo de la aviación. Setenta y dos horas más tarde, Cuernavaca y otras importantes ciudades de Morelos se hallaban en manos de los constitucionalistas. Volvieron a establecerse los campos de concentración al igual que en los tiempos de Juvencio Robles. Se fusiló a los curas de Cuautla y Tepetates por el solo delito de ser amigos de Zapata. El 8 de mayo fueron pasados por las armas en Juitepec doscientos veinticinco prisioneros zapatistas. Ante el acoso federal, Tlatizapán fue abandonado por Emiliano a mediados de julio y ocupado por los gobiernistas, quienes dieron muerte allí a ciento treinta y dos hombres, ciento doce mujeres y cuarenta y dos niños, todos ellos habitantes del lugar y todos ellos sospechosos de haber ayudado a Zapata.

Ocupadas la mayoría de las poblaciones de Morelos por los soldados carrancistas, y replegado Zapata a Jojutla, Pablo González y sus oficiales se dedicaron al más desaforado saqueo. Todo lo transportable fue robado: la maquinaria de los ingenios azucareros, los muebles de las fincas, el ganado, el azúcar y el alcohol de las zafras; las locomotoras, los vagones de ferrocarril y cuanto consideraban que podía venderse.

Por falta de municiones, el Ejército Libertador del Sur tuvo que desbandarse, y los zapatistas volvieron a maniobrar en guerrillas de cien a trescientos hombres. Una de estas guerrillas cruzó el Ajusco y atacó Milpa Alta, apoderándose de pertrechos militares. Otra de ellas, al mando de Emiliano, atacó la fábrica de papel de Peña Pobre. En represalia, los carrancistas dieron muerte a ciento ochenta vecinos más de Tlaltizapán, quemaron los pueblos contiguos y arrasaron los montes.

Pero el paludismo y la disentería empezaron a hacer estragos en las tropas constitucionalistas. Poco después más de siete mil soldados se encontraban enfermos y muchos de ellos morían a diario. Zapata lanzó entonces una enérgica ofensiva que le permitió reconquistar Tlaltizapán a principios de diciembre. A finales del mes, los efectivos carrancistas comenzaron a evacuar el estado de Morelos, perseguidos por los guerrilleros, llevándose sin embargo cuanto podían. En enero de 1917 los zapatistas recuperaron Yautepec, Cuautla, Miacatlán, Tetecala y Cuernavaca.

En virtud de las elecciones del 11 de marzo de 1917, Venustiano Carranza asumió la presidencia del país en mayo de ese año, y con autorización del Congreso anunció de inmediato su decisión de aniquilar al zapatismo.

Fue en ese mes cuando una partida zapatista al mando de Lorenzo Vázquez se insubordinó en Buenavista. Emiliano acudió a sofocar el motín, lo cual no le fue difícil. Lo grave fue que los prisioneros hechos en la acción de Buenavista acusaron a Otilio Montaño —el antiguo y querido amigo de Zapata— de ser el autor intelectual de la revuelta. Con todo el dolor de su alma, Emiliano hizo lo que era su deber: entregó a Montaño a una corte marcial, la cual lo encontró culpable y lo condenó a ser pasado por las armas, lo que ocurrió el 18 de mayo. Zapata no quiso estar presente y, embargado por la pena, se retiró a Tlaltizapán. La tristeza del Caudillo del Sur se acrecentó cuando, un mes más tarde, su hermano Eufemio fue asesinado en un riña callejera.

El estado de Morelos fue invadido nuevamente en noviembre de 1917 por Pablo González, esta vez con cuarenta mil hombres que el día 19 atacaron Cuautla y se adueñaron de la plaza. Díaz después ocuparon Jonatepec y Zacualpan de Amilpas. En enero de 1918 las tropas de González se apoderaron de Jojutla, Cuernavaca, Tlaltizapán y otras poblaciones.

Emiliano Zapata buscó establecer contacto con Álvaro Obregón, por conducto de Dolores Jiménez y Muro, la fiel zapatista, en agosto de ese año. Obregón eludió darle una contestación, pues aunque ya se encontraba a disgusto con Carranza, no le convenía dejar indicios al respecto. Asimismo, Zapata le escribió a Felipe Ángeles a Texas, cuando el célebre artillero estaba a punto de retornar a México para unirse una vez más a Pancho Villa y con el que igualmente trató de encontrar ayuda. Pero Pancho afrontaba problemas muy serios y, más que en condiciones de ofrecer ayuda, estaba urgido de recibirla. La desesperación con que Emiliano buscaba auxilio señala muy a las claras lo difícil de la situación en que se hallaba.

En noviembre de 1918 una epidemia de influenza española azotó Morelos, en donde hizo estragos entre los habitantes de la entidad, debilitados por la escasa alimentación y los daños de la guerra. En Cuautla sólo quedaron doscientas personas. En Cuernavaca menos de tres mil.

Pasada la epidemia de influenza, que por supuesto también ocasionó graves males a sus tropas, Pablo González lanzó una nueva y múltiple ofensiva en enero de 1919. En ese mismo mes, después de muy sangrientos combates, sus fuerzas ocuparon Yautepec, Jojutla, Cuernavaca y Tetecala. Los diezmados zapatistas quedaron reducidos a la condición de fugitivos. Pronto habrían de rehacerse con los miles de campesinos que se les incorporaron.

Uno de los más despiadados militares al mando de Pablo González era el coronel de caballería Jesús Guajardo, quien se jactaba de aplastar a la "chusma zapatista" y había declarado que anhelaba probar su hombría en un encuentro personal con Emiliano Zapata.

Bajo la bravuconería de Guajardo anidaba la traición.

EMBOSCADA Y MUERTE

En los primeros meses de 1919 era evidente el derrumbe del zapatismo. Las defecciones de sus jefes se sucedían una a una. Las más notorias fueron las de Victoriano Bárcenas, Domingo Arenas, Justo Ruiz, Virgilio Arata, Aurelio Puebla y Severo Vargas.

Pero Zapata contaba aún con el apoyo generoso e irrestricto de su pueblo, y a pesar de que se ofrecieron cuantiosas sumas a cambio de entregarlo, los campesinos eran sus mejores aliados y quienes se encargaban de esconderlo y prevenirlo de las posibles emboscadas. Pese al trance difícil por el que el zapatismo atravesaba, Emiliano no transigía con Venustiano Carranza, al que el 17 de marzo de ese año dirigió una violenta carta abierta, en la que lo exhortaba a renunciar a la presidencia del país. En ella le decía:

"No hablo al Presidente de la República, a quien desconozco, ni al político, del que desconfío. Hablo al mexicano, al hombre de razón, a quien creo imposible no conmuevan alguna vez, aunque sea un instante, las angustias de las madres, los sufrimientos de los huérfanos, las inquietudes y congojas de la patria.

"Desde que en el cerebro de usted germinó la idea de hacer la revolución, pensó primero que nada en encumbrarse, convertir a la revolución en el provecho propio y de un pequeño grupo de allegados, amigos e incondicionales que lo ayudasen a subir para luego disfrutar juntos del botín alcanzado, es decir, riquezas, honores, negocios, banquetes, fiestas suntuosas, bacanales, orgías de hartamiento, de ambición de poder y de sangre.

"Nunca pasó por la mente de usted que la revolución fuera benéfica para las grandes masas, esa inmensa legión de oprimidos que usted y los suyos soliviantaron con sus prédicas.

"En el terreno económico y hacendario, su gestión no puede haber sido más funesta. Bancos saqueados e imposiciones de papel moneda para luego desconocer, con mengua de la República, los billetes emitidos; comercio desorganizado por esas fluctuaciones monetarias; industrias y empresas agonizando bajo el peso de contribuciones exorbitantes, casi confiscatorias; gente humilde y trabajadora reducida a la miseria, al hambre, a las privaciones de toda especie, por la paralización del trabajo, la carestía de los víveres, la insoportable elevación del costo de la vida.

"En materia agraria, las haciendas cedidas a los generales favoritos; los antiguos latifundios, reemplazados por modernos terratenientes que gastan charreteras, kepí y pistola al cinto; los pueblos burlados en sus esperanzas.

"La paz no se ha hecho, ni se hará nunca con los procedimientos que usted emplea y con el desprestigio que sobre usted pesa. Los revolucionarios a los que usted ofreció unir, están cada vez más desunidos; así lo confesó usted en su último manifiesto. Y en cuanto a los ideales revolucionarios, yacen maltrechos, destrozados, escarnecidos y vilipendiados por los mismos hombres que ofrecieron llevarlos a la cumbre. Nadie cree ya en usted, ni en sus dotes de pacificador, ni en sus tamaños como político y gobernante.

"Es tiempo de retirarse, es tiempo de dejar el puesto a hombres más hábiles y honrados. Sería un crimen prolongar esta situación de innegable bancarrota moral, económica y política. La permanencia de usted en el poder es un obstáculo para hacer obra de unión y de reconstrucción.

"Devuelva usted su libertad al pueblo, señor Carranza; abdique de sus poderes dictatoriales, deje correr la savia juvenil de las generaciones nuevas. Por deber y por honradez, por humanidad y por patriotismo renuncie al alto puesto que hoy ocupa y desde el cual ha producido la ruina de la República.

"Nuevos horizontes se presentan para la patria. Y para allanar esa obra que de todas maneras habrá de realizarse, sólo hace falta que usted cumpla con un deber de patriota y de hombre, retirándose de lo que usted ha llamado Primera Magistratura, en donde ha sido tan nocivo, tan perjudicial, tan funesto para la República."

La carta encolerizó a don Venustiano y lo hizo dictar órdenes tajantes a Pablo González, de que "por cualquier medio" acabara con Zapata. González, ese pésimo general al que se dio el apodo de "Pablo Carreras", por las muchas veces que el enemigo lo hizo correr con sus tropas, encontró al ejecutor de su encomienda en la persona del coronel Jesús Guajardo.

Guajardo fue encarcelado porque después de recibir órdenes de atacar a una partida zapatista, cuando se le suponía cumpliendo ese cometido, fue sorprendido corriéndose una juerga en una taberna. El hecho fue muy conocido, comentándose la fuerte reprimenda que González le endilgó al coronel. Emiliano, sabedor de que Guajardo controlaba considerables fuerzas de caballería, le envió subrepticiamente una nota, invitándolo a sumarse al zapatismo. La nota fue interceptada y puesta en manos de Pablo González, quien urdió una pérfida maquinación con el propósito de acabar con la vida de Zapata y puesto de acuerdo con Guajardo, dispuso que éste le enviara un mensaje en el que le decía:

"Le manifiesto a usted que en vista de las grandes dificultades que tenemos González y yo, estoy dispuesto a colaborar a su lado, siempre que me dé garantías para mí y mis compañeros, y a la vez, mejorando mis circunstancias de revolucionario, ya que en esta ocasión, como en otras, se trata de perjudicarme sin razón justificada."

En respuesta, Zapata hizo llegar una nueva nota a Guajardo, en la que le manifestaba:

"Tanto a usted como a los jefes, oficiales y soldados que lo acompañan, se les recibirá con los brazos abiertos y gozarán de toda clase de garantías pues se les verá como a compañeros. Aquí con nosotros, contribuirá usted al triunfo de la gran causa revolucionaria que lucha por el bien de la clase humilde y cuando hayamos llegado al triunfo, tendrá la satisfacción de haber cumplido con un deber y su conciencia quedará tranquila por haber obrado con justicia.

"Una vez que se encuentre usted con nosotros, tendrá todo lo que desee; sus circunstancias como revolucionario mejorarán, y tengo la seguridad de que estará satisfecho a nuestro lado."

Zapata decidió probar la lealtad de Guajardo y le pidió que aprehendiera y fusilara a Victoriano Bárcenas, uno de los jefes zapatistas pasados al carrancismo, quien a la sazón se encontraba en Jonatepec como parte de la guarnición constitucionalista.

El 7 de abril, Guajardo simuló un ataque a Jonatepec, plaza que se hallaba al mando de Daniel Ríos Zertuche, utilizando ambos tiros de salva, aunque con balas muy reales y de modo nada ficticio fusiló a Bárcenas y a su estado mayor tan pronto lo tuvo en su poder.

Con ello quedó convencido Emiliano de la sinceridad de Guajardo, no obstante que en esos días llegó a verle una mujer del pueblo, procedente de Cuautla, para informarle que sabía que Guajardo y Pablo González se habían puesto de acuerdo para asesinarlo. Zapata le dio las gracias a la mujer, pero no dio crédito a sus palabras.

Zapata y Guajardo tuvieron una primera reunión el 9 de abril, en Estación Pastor, adonde el coronel se presentó con seicientos hombres armados y no con treinta, como se había convenido. Sin embargo, Emiliano no se incomodó por ello y aceptó el abrazo del traidor, quien se comprometió a hacerle entrega de cinco mil cartuchos. Luego, le obsequió un caballo alazán de muy buena estampa, el "As de Oros". Antes de despedirse quedaron de encontrarse nuevamente al día siguiente por la mañana, en la hacienda de Chinameca, cuartel general de Jesús Guajardo.

Emiliano pernoctó en Tepalcingo. Premonitoriamente, la mujer con la que durmió le dijo que la noche anterior lo había visto en un sueño, tirado en el suelo y cubierto de sangre. Luego se durmieron y a eso de las tres de la mañana, Emiliano se despertó sobresaltado y le dijo a su compañera:

—Soñé que me habían copado y que algo malo querían hacerme.

Pero sin dejarse dominar por los negros presagios de su sueño y del de la mujer con la que durmió, aquel 10 de abril de 1919 salió temprano hacia Chinameca con una partida de ciento cincuenta zapatistas. Era un día espléndido, de cielo intensamente azul, frescos y verdecidos los campos por efecto de las primeras lluvias.

Una vez llegado al lugar de la cita, Emiliano penetró a una de las tiendas de campaña adosadas a los muros de la vieja hacienda para conferenciar con Jesús Guajardo y hacer planes sobre las próximas operaciones. Pero la conferencia quedó interrumpida al darse la falsa alarma de que el enemigo se acercaba.

Mientras Guajardo entraba a la hacienda en compañía de un asistente de Emiliano, al que se llevó con el engaño de que iba a formalizar con él la entrega de los cartuchos, Zapata salió con sus hombres a explorar los alrededores. Al no encontrar señales del enemigo regresó a Chinameca acampando con su gente cerca de la entrada de la hacienda. Posiblemente algo recelaba, pues varias veces rehusó las invitaciones de pasar al interior, desde donde Guajardo le mandaba decir a cada rato que lo estaba esperando para que comieran.

Finalmente aceptó el ofrecimiento. Montó en el "As de Oros" y escoltado por sólo diez zapatistas, avanzó lentamente hacia la hacienda. La guardia se encontraba formada. Un clarín tocó la llamada de honor, y cuando Emiliano cruzaba el umbral se produjo una descarga cerrada. Mil soldados parapetados en las azoteas, las puertas y los patios lo acribillaron.

En ese mismo momento su asistente que esperaba en el interior de la hacienda recibió un tiro en la nuca.

El cuerpo de Emiliano fue inyectado y atado sobre una mula para ser conducido a Cuautla, donde avisado telefónicamente de los hechos, Pablo González aguardaba. Al llegar, a las nueve y diez de la noche, Guajardo arrojó el cadáver del héroe sobre la banqueta de una de las principales calles de la población y González lo examinó con una lámpara de mano, percatándose de que se trataba de los despojos de Emiliano. De inmediato, corrió jubiloso a telegrafiar la noticia a Venustiano Carranza, quien para premiar el crimen ascendió al grado de general brigadier a Guajardo por "haber cumplido satisfactoriamente con la difícil misión que le fue encomendada." Pero además lo mandó llamar para obsequiarle cincuenta mil pesos en monedas de oro.

No fue mucha la vida que le quedó a Jesús Guajardo para embriagarse en las cantinas y vanagloriarse de su ruin hazaña. Al año siguiente se alzó contra el gobierno del presidente De la Huerta y fue fusilado. En cuanto a Carranza, bien sabemos que un año más tarde moriría asimismo acribillado e igualmente víctima de la traición.

El cadáver de Zapata fue exhibido públicamente por espacio de varios días en la Inspección de Policía de Cuautla. Aparecía con un traje de charro color gris perla, pues el que vestía cuando fue asesinado quedó agujerado por las balas y lleno de sangre.

A las autoridades les interesaba que todo el mundo se persuadiese de la muerte del Caudillo del Sur y permitieron que cuanta gente quisiera observase sus restos. Una caravana interminable de campesinos, llegados de todos los pueblos del estado de Morelos desfiló ante el féretro, calladamente y con lágrimas en los ojos.

Pero a final de cuentas los campesinos no aceptaron la muerte de su adalid, por no permitírselos su amor y su fe. Y comenzaron los comentarios al respecto.

—Ese muerto que tienen allí no es Miliano, Miliano tenía de nacimiento una manita grabada en el pecho y ese muerto no la tiene.

—Dicen que miraron al jefe Zapata por el rumbo de Chinameca, matando carrancistas.

—Yo sé que duerme en una cueva.

—Anoche lo vieron a caballo, juntito al río.

—Ahora el jefe Zapata anda en un caballo blanco por el lado de las montañas, como yendo a Guerrero.

—Miliano se fue con un compadre, pero va a regresar el día menos pensado.

Y realmente el amor y la fe de aquellos campesinos acertaron. Porque Emiliano Zapata vive, y para siempre, en la inmortalidad.

Y hasta la fecha somos muchos los que esperamos su regreso.

FUENTES

Benítez, Fernando. *Lázaro Cárdenas y la revolución mexicana,* tomos 1 y 2, Fondo de Cultura Económica, México, 1980.

De cómo vino Huerta y cómo se fue... Ediciones El Caballito, México, 1978.

Díaz Soto y Gama, Antonio. *La revolución agraria del sur y Emiliano Zapata,* Ediciones El Caballito, México, 1971.

Dromundo, Baltasar. *Vida de Emiliano Zapata,* Imprenta Mundial, México, 1934.

Fuentes, Carlos. *Tiempo mexicano.* Cuadernos Mortiz Joaquín, México, 1975.

Fuentes Díaz, Vicente. *La revolución de 1910 en el estado de Guerrero,* México, 1960.

Galeano, Eduardo. *Memoria del fuego,* tomo 3, Siglo XXI Editores, México, 1987.

García Cantú, Gastón. *Utopías mexicanas.* Fondo de Cultura Económica, México, 1987.

Gilly, Adolfo. *La revolución interrumpida.* Ediciones El Caballito, México, 1975.

Guzmán, Martín Luis. *Obras completas.* Fondo de Cultura Económica, México, 1985.
Magaña, Gildardo. *Emiliano Zapata y el agrarismo en México,* Editorial Ruta, México, 1951.
Pieri, Ettore. *Vida, pasión y muerte de Emiliano Zapata,* Editores Mexicanos Unidos, México, 1983.
Sánchez Lamego, Miguel Ángel. *Historia militar de la revolución constitucionalista,* México, 1957.
Sotelo Inclán, Jesús. *Raíz y razón de Zapata,* Etnos, México, 1943.
Taracena, Alfonso. *Zapata: fantasía y realidad,* B. Costa Amic Editor, México, 1974.

ESTA EDICIÓN SE TERMINÓ DE IMPRIMIR
EL 29 DE MARZO DE 2004 EN
LITOGRÁFICA TAURO, S.A.
ANDRÉS MOLINA ENRÍQUEZ No. 4428
COLONIA VIADUCTO PIEDAD
08200, MÉXICO, D.F.